# THE PARTNERSHIP CHARTER

HOW TO START OUT RIGHT WITH YOUR
NEW BUSINESS PARTNERSHIP

DAVID GAGE

# 合伙人原则

[美] 戴维·盖奇 著

朱雅燕 译

九 州 出 版 社
JIUZHOUPRESS

# 目　录

# 第三部分 你是否适合担任合伙人

我的恩师皆属人中龙凤、极具禀赋，能得到他们的教导与关爱，是我一生大幸。特此感谢其中6位恩师，将本书奉予他们：

乔恩·夏克

艾罗拉·施密特

菲利普·艾·摩斯

迈尔克·佩特罗夫斯基

马丁·艾·赛弗

科林·弗兰克

# 前　言

总有人问我：为何要专门成立公司致力于解决企业合伙人间的冲突。我的答案是：合伙关系至关重要，会持续地影响你生活的方方面面。事物总是不断变化的，合伙关系或愈发融洽或持续恶化，我想通过自己的努力让企业合伙人关系积极发展。写此书的目的亦是如此：给即将合作或已在合作的商业人士提供一剂良方——合伙人原则，助他们构建良好合伙关系，实现梦想，而非梦魇。

关于合伙关系，曾有三次经历对我影响颇深。第一次，发生在我大概 8 岁时，哥哥拉里有着自己的一份事业——"送报童"，而我是他的"小合伙人"（至少我自己是这么认为的），当时觉得这简直是世上最完美的合伙关系了。拉里负全责，无论刮风下雨、还是鹅毛大雪，都要确保《阿普尔顿[1]新月邮报》安全送达各家的门阶上，一周七天皆是如此。作为"小合伙人"的我，来去自如，只要想参与，便可一同送报，记得只有在春、秋天气晴朗时我才会骑上自行车，在拂晓时分去送报纸。除此之外，我只负责帮拉里数钱。

---

1　阿普尔顿是美国威斯康星州东部工商业城市。——译者注

那个年代一切交易都以现金的形式支付，有些客人会付银元[1]给我们。拉里手握的银元数量不可胜数，我感觉全世界最富有的哥哥非他莫属。每次分发收益的时候，我都激动不已，发的可都是沉甸甸的银元啊！对那时的我而言，与哥哥"合伙"真是一笔划算买卖。

与此同时，我开始第二次接触合伙关系，父亲决定加入外公和四个舅舅的家族建筑公司，得益于家族生意，我们几个小孩可以在看戏剧时享受前排正中的绝佳位置。我意识到原来成人的合伙关系远比儿时的小打小闹要复杂、烦琐多了。

与家人合作看起来是个不错主意，实际上也充满了复杂变数。很多优秀的企业都是家族企业，它们在市场上取得了成功，但就合伙协作方面却频出丑闻。我曾在家族例会上目睹了这样的变故，最终导致亲人间对簿公堂，持续数年之久，我会在后文中详述此事。此类变故往往源自工作上的小矛盾。出于对合伙关系中出现变故的猎奇心理，我年轻时选择了心理学研究，这也是我在 20 世纪 80 年代决定专业从事家庭治疗的主要原因。

第三次关于合伙关系的经历则改变了我的职业生涯，成就了本书。故事主角是我的妻子凯茜·博克和她的合伙人们。作为一家优质的旅行社，她们的法律文件正确完整，协议的某些细节双方未达成一致，他们仍打算先合作，细节往后商讨。不出所料，缺乏共识影响了大家工作的默契，加上每个人性格的差异，对各方矛盾推波助澜。不久，公司的两位合伙人控告凯茜和另一合伙人违背诚信义

---

1　美国旧时货币，始制于 1794 年，一银元相当于一美元。——译者注

务[1]。他们让我充当证人，把我拉进争议的旋涡，坐在律师办公室里回答：知道哪些相关公司的事情以及是何时知道的。桌上的转录器则记录着一字一句。其实诉讼原因荒谬得让人难以理解：公司的两位合伙人和另外两人相处不来，大家无法协商出完整协议。可笑的是，她们却希冀生硬的法律文件能够解决问题。

花费了大概10万美元的律师费后，凯茜的合伙人决定放弃控告，卖出自己的股份，退出公司。之后我细想了这次经历，发现它不过是诸多合伙争议类型中的一种，我决定探索出更合理、更有效解决合伙人间争议的方式。1990年，商贸调解联营公司（后简称BMC公司）诞生了。

最初，BMC公司旨在帮助企业的共同创始人解决争议。在目睹了家族生意以及妻子与公司合伙人发生的一系列错综复杂的冲突后，我意识到解决此类问题需要团队协作才能达到效果，所以我们以团队方式出面调停，成员中既有商务专业人士，也有精于法律、财务、心理学的专家。在调解争议过程中，我们对客户是如何陷入泥潭的洞若观火，可是该如何才能把所积累的知识传递给其他合伙人？这是关键，目前市面上也没有任何书介绍该如何建立健康的合伙关系。我相信，凯茜和她的合伙人们在创立公司时若有相关的资源可以参考，我的家族成员在家族企业所有权的过渡阶段有指导纲要可以借鉴，大部分的痛苦和无谓的花费都是可以避免的。现如今，成千上万本书籍教授创始人如何创业、如何做企业管理，大到企业

---

1 在英美法系中，诚信义务指当某个人把自己的个人利益置于其他人控制之下时，受托人负有为委托人的最大利益行事的义务。——译者注

成员的组建、选择适合的律师事务所，小到办公家具的筛选无不涵盖。看似十分全面，实际上，还有一处未曾有人指点迷津：很多公司或者合伙人相互间无法实现高效协作。

人们在商业活动中，无论从事的是旅游业、建筑业，还是制造业、咨询业，堪称业内行家，但就合伙协作，却非专长所在。《合伙人原则》好比一次短暂的集中课程，学习如何当好合伙人，书中并非夸夸其谈的理论，而是实用可操作性的方法。它会归纳出主题，引导人们讨论、协商合作事宜，深刻理解合伙关系，发挥它的作用。原则主要涉及人际方面的沟通和商业领域的议题，避免协议中有模棱两可的概念如资金、决策、公司所有权、公平原则、个人不同风格和价值观等敏感内容。一般情况下，比如我妻子和其公司合伙人发生争议时，人们虽会着手处理，但大多不够彻底。合伙企业在做计划时，总能遗漏几个悬而未决的问题，假以时日，这些问题变成了各自心中的刺，大家谈话时便冒出来搅局。在《合伙人原则》中，我们会把此类细微却又恼人的情况列入分析，以引起大家重视。

本书详细阐述了合伙人在法律、商贸、财务、人际交往中所需要处理的问题，但不是八股文，要求你对合作伙伴做出某几项特定承诺。书中会提出问题，给出建议，让双方针对自己实际情况讨论出适合方案，达成一致。我们根据以往调停的经验，总结出技巧，帮助大家避免在解决敏感问题期间出现过激行为。

合伙人原则既是结构化流程，更称得上是一款产品或一份文件，合伙人可以把它交给律师作为起草法律文件的参考，充当长期合作的指导纲要，文件要定期检阅，随着环境的变化，灵活调整。

拟定原则好比创业，是一个创造的过程，不同合伙人安排自是不同，合伙人原则亦是如此，世上没有一模一样的原则，虽然我在附录中有个原则范本，也仅供参考。你的原则不需要涵盖范本中的每个议题，但最好与合伙人把所有内容都详加讨论下。我把重要的议题按顺序排列出来，考虑到但凡重要的内容相互间有着千丝万缕的复杂关系，所以先后顺序不是重点。大家阅读时可以按照自己的喜好翻阅，请尽量保持好奇心读完全本，幸运的话，可能会发现合作关系的最重要宝藏出乎你的意料。

我著作本书旨在帮助人们实现转变，从解决合伙关系的冲突即"灭火"到完善关系避免严重冲突发生即"防火"的转变。可能书中的方法不一定完全适合所有人，我还是希望它能如久旱甘霖般给你带去新知识，在未来时日里协助你避开严重冲突，完善合作关系。任何的合伙企业，合伙人的境遇影响的不仅是他们自己，还包括周围的人。如果即将踏入合作关系的双方／多方未充分准备，形势可谓危如累卵。合伙人之间若不愿意花时间、精力完善现有的合作关系，很容易走向歧路。通过这本书，您可以立即着手制定出更坚固、更具活力和健康的合作关系。

合伙人原则

**The Partnership Charter:**
How to Start Out Right With Your New Business
Partnership

# 第一部分 基本原则

# 第一章　合伙关系的机会与风险

　　"合伙关系"是当今商业环境中广为流行的用语，极具魅力。手机移动运营商想成为我的合伙人，为日常交流提供便利；凯萨医疗的私人医生想成为我的合伙人，为健康保驾护航。

　　相信企业业主对此类说法再熟悉不过：成为客户的合伙人，成为雇员、供应商的合伙人，甚至是成为竞争对手的合伙人，你将受益良多。合伙人一词的滥用，早已脱离了其最初的含义，合伙人原指在商业领域两人或两人以上一起合作、各显其才，共投资金、共担风险。大家一同协作、不惧风险，建立持续发展的公司。

　　本书主要讨论商业合伙人，暂不论述其法律范畴的意义。他可能是合资企业的合伙人，或与你共同拥有置业，又或是百老汇音乐剧的联合制片人。无论是以上哪种情况，他们对合作伙伴都负有责任，任一方的行动对另外一方都会有影响。合作关系其实是一种心相的外在显现，你和搭档同一舟，共浮沉。

合伙经营方式广受欢迎是有据可循的：相对于独自创业，合伙协作更容易成功。一种是集思广益而创业成功的合伙企业，一种是颇具传奇色彩却要独自披荆斩棘的个人企业，前者数量远高于后者。在《商业周刊》杂志评选的"年度发展速度最快"的百强企业中，2/3 的公司为合伙经营，此外，每年的"年度诚信公司"名单中占多数的也是合伙经营企业。大部分效益良好的公司也是合伙制公司。

学术研究也证实了合作的重要性。来自马奎特大学创业研究中心的学者们曾对一份样本进行调查，该样本涵盖了近 2000 家公司，学者把绩效位列前排的归类为"高速发展"公司，敬陪末座的归类为"低速发展"公司。在高速发展公司中，独立创业者仅占 6%，合伙经营企业的比例则高达 94%，而且很多合伙经营公司有三位或三位以上合伙人。与之形成鲜明对比的是，在低速发展公司中，半数为独立创业经营者。

一些世界著名的优秀企业会以公司创始人的名字命名，表示缅怀：比如威廉·休利特和戴维·帕卡德（惠普 HP）；查尔斯·道和爱德华·琼斯，还有未被人提及的第三位创始人博格斯·特莱斯（道琼斯指数）。

有些合伙公司的起源则不一定容易辨认。世界上最大的存储系统制造商 EMC，1979 年由理查德·埃格"E"和罗杰·马里诺"M"创办，第三名成员"C"则未实际参与企业创立；万宝盛华集团被誉为全球公司中雇员最多的企业，由阿龙·施恩菲尔德与爱尔默·温特共同创办；康柏电脑是三名得州仪器工程师的心血之作；英特尔的戈登·摩尔和罗伯特·诺伊斯；家得宝（美国家居建材用品零售商）的生身之父伯尼·马库斯和亚瑟·布兰克。特别提下微软，人们一直认为创始人仅是比尔·盖茨，实际上还有保罗·艾伦。合伙经营的企业名单还在持续增长中。

## 大家趋之若鹜的光环：公司所有权

人们当合伙人是为了能拥有一家自己的企业。合伙经营中，很多人不是完全控股，对他们来讲，占有比例多少并不是关键，关键只要有这家公司股份就好了。成为合伙人，赋予你对这家公司的所有权；对企业而言，合伙人则能提供发展所缺少的资源：金钱、专长、策略、技术、人脉、设备、专利等。

为何那么多人想开办公司呢？答案是自由。上班为别人打工，总是受限不自在的。合伙经营，仍需要对其他合伙人负责，算得上相对自由，但若比起受雇于人，合伙人可是无拘无束多了。

对另外一些人来说，开办公司则起因于创造欲，通过它实现自己心中的一份事业。还有一部分人没有那么堂皇的原因，认为开公司最重要就是赚钱。合伙经营中，若是把赚钱列为目标将会在大家协作过程中埋下隐患。以增长个人财富为首要宗旨的合伙人有义务详细阐述他们的动机，只关注自己钱袋的人所做出的决定，未必是有利公司或者能使合作伙伴们受益的。

## 合伙的益处

比起单打独斗，作为合伙人参与公司运作所获得的收获更多。很多人更倾向与人共担责任，有的企业属性恰恰需要不同的人担负责任。举个例子，医生就常要集中商议，轮流候命，分摊职责。再者，根据利益和能力不同分摊任务，对公司发展好处良多，工作环境也将更令人愉悦。

合作关系让人们有机会尝试无法单独去做的事物，或者让当前事业更上一层楼。众人拾柴火焰高，商业机会也随之增多。企业高层，合伙人倾注各家智慧，只要彼此间不发生人际冲突（某些专家称之为情感矛盾），有着数名合伙人的公司在思考深度和战略高度上大多都优于独立创始人的公司。合伙企业可以发现更多的机会，特别是在如今的市场环境，速度是决定成败的关键。

从心理学角度上说，作为企业共同所有者，有合作伙伴意味着有人能和你一起分摊精神负担，让你产生安全感，降低风险，有种"我们在同一条船上"的感觉。独立创始人公司抱怨最多的就是没人可以理解自己经营企业所面对的重压，即使是他们的配偶也只能够在精神上表以同情，若不是企业所有者之一，无法真正体会创立、运营一家公司的艰难坎坷。有的人惧怕独立创业，但有合作伙伴后，也能够泰然处之了。

## 合伙人的益处

他能够分担责任和义务；

非你强项或兴趣所在的工作，他可以代替；

开辟了新机会，带来更大的成功，而这些机会多是超出你个人能力范围；

更快速地把握时机；

在企业高层，不再独自感受高处不胜寒，而是平等的合作情谊；

在企业高层，能够产生 1+1>2 的效果，做出更正确的决定，为企业发展助力。

有的人选择合伙经营是因为这种方式比自己一人创业更有趣，如果强制要求只能一人当老板，他们就放弃不做了，开办公司的费用、压力、焦虑，也认为没必要去体验了。他们的看法是：经营企业，有人可以与你平起平坐，相互间不受对方管控，远比雇佣关系有意思。

## 创造协同作用

合伙经营最大的优势就是创造出 1+1>2 的可能，集思广益不仅能延续企业生命还能发挥更大的潜能。

英拂者公司就是一个很好的例子。该公司位于美国佐治亚州，1977 年，由实验室研究员韦恩·拜耳塞迪创立，主要生产他所研发的杀虫剂和家居用品。韦恩在实验室研发产品方面很有建树，但他需要别人帮助做市场推广和销售，否则产品无法实现落地。于是他分出股权引入杰姆·比格斯作为合伙人，负责市场推广，当然韦恩可以招聘一名销售经理来达成这个目的，但他希望对方能与他一样，愿意为公司做奉献。

随着公司的壮大，他们又发现了新的短板，需要第三个人来处理行政、财务问题这些相对缺乏技术性、要耐得住性子的工作。于是，又稀释股权给了新合伙人爱德华·布拉什。三人就像三脚凳的三只脚，稳固了企业的经营，若少了一只脚，企业便会失去平衡而倒下。他们携手把英拂者公司做得风生水起，假设三人独立创业，数家公司规模之和也无法与英拂者抗衡。1997 年，三名合伙人把公司出售给国民服务公司。

合伙人也可以利用彼此的不同之处来实现协同效应。菲利普·希金博瑟姆，来自斯帕坦堡的一名牙齿矫正医师，优秀且精力旺盛，他的诊所已经接纳不了更多患者了，如果要继续发展就得引入新的矫正医师。他希望找到自己可处得来，对方也满意自己的伙伴，产生协同作用。希金博特姆叫我帮他做两份个人性格和价值观剖析，一份他自己，另外一份针对候选合伙人埃里克·尼斯，借此推测是否能成为好搭档。测试结果显示他们的价值观十分相近，个性却大为不同。测试共有四个类别，他们在前三类别的选择几乎一致，然而第四类别则完全相反。测试定义希金博特姆为极感性之人，尼斯为极理性之人。这二者区别显著，关系到你是如何看待世界，对自己周遭发生的一切的看法，最后影响到你与别人的交流。

在这种情况中，关键是：两个不同风格的人一起共事，是会壮大公司还是会相互伤害？最终能发挥协同效应抑或是纠纷不断？在第八章中，我会详细论述，一般来说，若两人的风格差异越大，产生的积极化学作用越明显，当然，发生冲突的潜在可能性也越大。希金博瑟姆立即和尼斯讨论了剖析结果，根据这个结果，他们研究出彼此性格不同在将来日常工作中会有什么影响，如何把这种不同转化成优势，若是个性的差异妨碍了双方的合作该如何处理。

希金博瑟姆选择邀请尼斯参与他的实际工作。看到希金博瑟姆对待工作是如此的用心、周到而细致，尼斯决定和他一起工作。他们合作关系进展得如何呢？希金博瑟姆表示，"我们的合作非常融洽，不同风格的人一起共事，利远大于弊。我有时会对患者感到抱歉，这种情形屡次发生，而其实无须如此"。有些人同情心过于泛滥，导致自己陷入麻烦。尼斯的加入可以理清事实，防止希金博瑟姆的同情心被人利用。

合伙人可以通过多种方式来实现协同作用。只要合伙人愿意去寻找彼此的不同点或相似点，把不同之处转化成互补优势，最终就能产生 1+1 > 2 的效果。不过，并非所有合作关系都能如我们所愿。


## 合伙人关系的风险

定义合伙人关系是否成功取决的因素有很多——合伙人日常的幸福感、财产保证安全感（多是房屋贷款）、荣誉感、退休后的满足感，成员内心的安宁更是重要指标，所以说合伙经营是具有风险的。几年前《公司》杂志曾经对商务人士进行调研：问合伙经营是否为不明智之举？其中三分之二的人持肯定态度。当问及原因时，给出的理由是合伙经营时发生"冲突不可避免"和"期望难以实现"，他们不喜欢这样。美国明尼苏达大学学者调研发现，在家族式企业中也有类似情况。约有一半比例的家族二代成员在自家企业工作时，对自身存在的价值感到疑惑，同样，他们的不安主要来源于人际冲突。商务合作的失败、合伙人的不守信用、经济的损失、诉讼的纷扰，凡此种种把商业界搅得泥泞不堪，令人印象深刻。

我曾与专业商务咨询人士交流过无数次，我了解到他们多数对合作关系是持反对观点的，而理由莫衷一是：要合伙人融洽相处太难了、合伙关系的掣肘无处不在、合伙关系若是崩塌代价不菲。（某些咨询师私下里表示，他们自身过往不愉快的合伙经历和以上的怀疑论断颇有关系。）

当然，就像结婚不是为了离婚一个道理，相信没人构建合伙关系是为了引发严重冲突。咨询师理性地指出，即使冲突发生的概率很低，但其后果也是令人难以接受，很多时候失败的合伙关系意味着付出巨额花费。

## 失败的代价

人们在决定合伙经营企业时，没想过经营失败所需承担的损失，心情常常是舒畅愉悦的（正常情况下，人在创业时不会想到失败，这无可厚非）。如果失败，要把损失具体数额统计出来绝非易事，而且，它们可能数额庞大，准合伙人需要审慎对待。

每次合伙人发生冲突意味着情感成本。冲突会蚕食合伙人日常工作，甚至是影响生活，随着时间推移不断扩大，最严重时足以摧毁人们的终身友谊。成本所涉及对象不仅是合伙人，我曾听合伙人表示自己的配偶也因附带伤害而遭受不小压力，也正是这种焦虑让他们对合伙经营不得不望而却步。

冲突并非要惊天动地，合伙人间的小摩擦代价也是高昂的，它会导致合伙人工作应付、表现不佳如祥林嫂般唠叨自己的遭遇。如果某一成员认为合伙关系不平等，结果会导致他／她工作拖拉不高效。工作应付会产生慢性的影响，数月或数年后，要合伙企业实现目标，可能还不如各自为营来得快，且不说协同效应，连基本配合都称不上了。

几年前，我就遇到过一个很经典的案例。两名合伙人于 15 年前在费城创立一家咨询公司，一直以来相处都不是很融洽，在一起总会有小摩擦。他们向 BMC 公司寻求帮助，希望找到彼此和睦相处的方法。

这家公司的两位合伙人各占股 50%，二者理应地位平等，合伙人之一的詹妮女士认为自己总是受到另一方支配，而作为另一方的诺贝卡女士对此表示否认。感觉自己地位卑微和不受尊重的詹妮在工作中远离了初心，不再像开始时那般努力。她通过工作懈怠表达对诺贝卡的不满，这是一种消极对抗，但她仅仅希望这种方法或许能让别人倾听自己。结果，适得其反，由于詹妮的表现不如人意，诺贝卡更加坚定认为她不能胜任工作，因而（或者说被形势所迫）更声色俱厉地支配詹妮。恶性循环，两位合伙人个人遭遇了巨大损失，公司亏损更甚，用近乎灭顶之灾形容也不为过。

可见，即使合伙人轻微的表现不佳，长远来看，对于他自身和其他合伙伙伴、企业带来的伤害代价也是无穷的；小小的冲突矛盾，也会耗费合伙人大把时间和精力。合伙人因冲突而被蚕食的时间，每次都能刷新我所了解的纪录。合伙人工作创造的生产性收入会慢慢停止消失。当我们通过合伙人薪资和福利来衡量这些失去的时间成本，结果令人错愕。

## 合伙人间发生冲突的成本

个人情感成本（如合伙人情绪起伏造成的影响），对象是其他合伙人，他们的配偶和其他与之亲近的人士：

合伙人的友谊成本；

合伙人表现不佳导致的损失，且损失可能随时间推移而扩大；

时间成本，合伙人离开自己的管理部门或其他创收活动数小时、数日；

企业所有者冲突自上而下波及员工，员工对工作不满，旷工、生产力的损失；

员工离职的损失（常常是最优秀的员工），他们想要避开冲突；

调停、仲裁、诉讼费用；

买断另一合伙人股份的费用；

失去合伙人，不再享有该合伙人所带来的收益；

重新招募新合伙人／员工的时间和开销；

生产力损失，企业所有者和执行高管需要融合新合伙人／员工到公司中；

违背非竞争条款[1]所要付出的诉讼代价。

对于公司员工来说，卷入公司合伙人内讧旋涡想必是世上最可怕的事情了。员工并不一定会直接卷入冲突中，但难以置身事外，经常需要选择阵营以表达立场。一名公司的核心雇员曾经抱怨过企业合伙人分歧所引发的恶劣影响，员工不得已被迫选择派别，支持某一合伙人。

合伙人发生矛盾的前因后果，雇员们可能无从知晓，但这不妨碍他们开展一系列"忧国忧民"的座谈会，紧接着伴随而来的是工作压力增大，无故旷工增多。工作满意度急剧下降，生产力大幅降低，而合伙人却纠纷缠身而无暇顾及。

当得知员工打算离职找新工作时，合伙人才关注起事态进展情况。公司生产力下降了，不一定能引起合伙人注意，然而，一旦有核心雇员跳槽，合伙人就会立刻察觉。权威机构估算过更换一名雇员成本相当于一年薪资，成本包括：停工期、机会成本、挖掘和招募新员工、培训新员工并尽快上岗。如果更换的是核心

---

1 非竞争条款通常指雇佣合同中，企业规定离职人员在一定年限内不能就职同类型具有竞争性质的公司。——译者注

岗位人员，成本则需要 1～2 年的薪资。以律师事务所为例，一般合伙人（不是高级合伙人）的预估费用是 35 万美金。

合伙人意识到冲突所需付出的基本代价后，会尝试着探索解决办法。如果尝试协调不起作用，合伙人常常会找来自家公司的会计或者法务进行调解，不过，罕见效果。协调过程一旦陷入困境，一方的合伙人会认为调解人不再是中立者（或许合伙人确实也这么认为过），发展到这个阶段，调解人就成为过去式了，无法担任劝解员、可信赖的顾问。

处境艰难的合伙人面对眼前停滞的谈判，会考虑请律师解决问题。某一合伙人暗中雇佣律师，其他合伙人得知／揣测到后，也会采取同样方法，大家都想保护自己的权益。潜意识中，大家都已调整到对战模式，认为公开和对方谈话是一种很危险的行为。实际上，在律师看来合伙人更应该进行诚恳对话，无论是谋取私利或者积极防卫，哪种谈话都没关系。在合伙人聘请代讼人而不自行解决冲突时，就意味他们放弃靠自己的能力去改变局面的机会。

因纠纷而对簿公堂需要合伙人付出巨额开销。最近发生的纠纷案件，两名合伙人均来自金融服务业，其中一名合伙人曾估算诉讼费用竟高达 100 万至 200 万美元。哈夫特家族企业的合伙人商业纠纷，单律师费就花去了 4000 万美元，还未算上和解费用。任何一家小公司的合伙人，起诉合伙纠纷，即使纠纷属于常见范畴，诉讼费用轻而易举就达到十万美金。

如果合伙人选择跨过诉讼直接仲裁，或者合伙人在协议中曾授意仲裁，那花的钱就更多了。仲裁，情况与诉讼类似，未公开且独立于法律系统（未上法庭），也是一种对抗方式。这种情况通常由退休法官主持，合伙人偕同各自律师出席。律师呈上各自提案，听取双方辩词，事务调查，提供证据和证人，最后做诉讼结论。步骤和真正庭审惊人相似。仲裁唯一的好处就是合伙人是案件审理首要因素。区别于诉讼冗长的过程，仲裁所有程序都紧凑压缩，耗时较短。迫不得已参与到仲裁中的律师们，都会对这种方式嗤之以鼻，过程实在太激烈了：仪式化的没有硝烟的战争，以极快的速度同时爆发。难怪，《哈佛商业评论》最近一篇文章总结商业仲裁意味着"噩梦"，也只有这个词能够概括了。

　　与诉讼一样，仲裁时，合伙人会请来第三方听取证据，根据现有法律法条评判孰对孰错，最终做出决断。这就会有输赢之分，合伙人要是想赢就得找办法证明另一方该输。双方友谊在这场厮杀中荡然无存。

　　毋庸置疑，在这场激烈无情的仲裁诉讼后，至少一名合伙人股份会被买断并退出公司。如此打击，让友情难以为继。合伙人需要买断另一方股份以解决争端时，还要付出额外的成本，甚至超过买断合伙人股份的费用。少数合伙人会在初期签订协议中列明买卖价值。大部分情况是合伙人对买断价格有争议，会强烈要求成本估值。估值往往是最难衡量、最具争议性的，所以事情仍旧悬而未决。

　　我的家族曾经历过漫长、开销不菲的合伙人买断谈判过程，十分理解上述情况带来的痛楚。家族第三代的成员，由于不同的价值观、个人风格、管理哲学，自愿退出家族企业。这触发公司草拟买断协议，从最初的拟稿到最后规定出买断价格的评估机制，花了数年时间。尽管评估机制在白纸黑字的协议中写明，大家对关键条款仍抱有强烈异议，导致了7年多时间内，发生多次诉讼官司，仅律师费就是一笔巨款。

　　我的侄子离开公司后的谋生方式和其他退出合伙企业的人一样：在家族企业的店址附近重新开店（同类产品），与家族竞争生意，紧接着是打价格战，生意陷入混乱、家族企业遭殃。类似的场景在合伙人与东家分手后，十分常见，他们一般都会换个名头继续从事原来类型的工作/生意。甚至是那些签订过非竞争协议的人也会如此操作，他们常与原合伙人有过节，以竞争方式作为报复。这给合伙人冲突增加了另外的成本：树立新的竞争对手，竞争对手对你公司的一切了如指掌，他们还会抢走你的客户，挖走你的员工。

　　我的家族为此付出的代价是沉重而巨大的。大家并不忌讳家族成员表达出自己的愤怒或者痛楚，但曾经那么亲密的家庭成员连沟通都懒于应付，相互不再说话。伤害范围继续扩大，有的亲戚甚至断绝来往，所有亲人的婚礼、葬礼一概不参加。

痛楚使得家族所有人在参加任何社区活动都感到身心俱疲。故事各不相同，大体却很相似。对于波士顿立格海鲜[1]合伙人来说，股权争议之路可谓是苦不堪言，舆论公众也十分关注事态发展。20世纪末，狄罗特家族的四兄弟为了上辈人遗留的佳肴传奇——蒙戛纳诺餐厅，进行了长达30余年的争夺之战，相信所有纽约人都曾目睹过此事。1961年，由于个体的差异和管理风格的迥异，几兄弟决定分家经营，家族人际关系也随之变质。这家有着110年历史的餐饮巨鳄的分家协议合乎法规，看似明智，然而兄弟间的矛盾并没有得到任何缓解。诉诸法律，也相应会招致冗长的法律问题，各方怨气丛生心结难解。几十年来，几兄弟开的意大利餐厅紧挨着彼此，店与店剑拔弩张，形成恶性竞争，同时，也在法院交战，争夺"蒙戛纳诺Manganaro"和"小英雄Hero-Boy"的餐厅署名权。出了法庭，兄弟们从不和对方说话，直至今日，才有庭外和解的迹象。

安东尼·狄罗特是上述一名当事人的儿子，他表示这场纷争严重破坏了家族成员的关系，叔叔萨尔瓦托的女儿和自己一同长大，但他却怎么也回忆不起来是否有和堂妹说过话，"曾经有几位堂兄妹参加了我的洗礼仪式，当时还拍照留念了，然而照片中的人我竟然谁都认不出来。"

---

1　立格海鲜( Legal Seafoods )是波士顿著名的海鲜连锁餐厅，创立于1950年。——译者注

## 合伙人——看不见的团体

成功的合伙关系带来益处良多，同理，失败的关系亦需付出高昂代价，你可能认为市面上有很多研究这类议题的书籍：是什么塑造了合伙人的性格，又是什么导致他失足犯错。事实是：尽管多数人都清楚一段成功的合伙关系意义非凡，它对于个人、公司发展十分重要，甚至对整个经济体来说也是非常关键，但社会上并没有多少此类作品。

商学院本该教授学生如何降低合伙人发生冲突的风险，相关课程却付诸阙如。倒是企业管理的课程很多，他们教学生如何经营大公司，如何成为一名企业家（以前这门课设计得很粗糙，现在慢慢完善）。有些学校可能会教学生：公司如何从员工、客户、厂商中分辨出潜在合伙人，这种"合伙人革新"说到底也属于企业管理范畴，通过人际关系的经营实现对公司的忠诚度。理论上说，假设你是星巴克的"合伙人"，工作肯定比作为员工身份时更努力，不过这与我们要谈的合伙关系大有区别。

从商学院毕业的学生创业，终会有自己真正的合作伙伴，实在难以理解学校为何竟能忽视合伙关系的学习。商学院不是个例，医学院训练未来医师也忽略了这个事实：学生参加工作终将面临合伙纠纷，不过是时间早晚问题。其他专业性较强的行业皆是如此。

为什么没人要花心思去补上短板呢？我认为原因是合伙人是一种易被忽视的团体，他们跨度超过大部分学者、公司咨询师的范围。比如很多人鼓励研究员在各个层面调查分析企业、突破瓶颈、解决各方矛盾，但涉及合伙人的关系就是禁区了。而且，咨询师或研究员也很少能接触到合伙人隐秘的内幕细节和激烈纷争。

就国有企业来说，法律明文要求公司需一定程度的透明，接受公众审查，研究员或咨询师确实能够接触到高层（比如公司股东、领导、董事会高层）。私企则不然，公司基本归属个人所有，美国证监会并没有强制要求他们提供每个人占股比例、为公司赚取利润数额多少。没几个合伙人愿意透露这类相关信息作为研究资料。所以，他们仍旧是大家难以了解的隐形团体。

而调解员可以突破围墙。冲突中引入调解员可以有效帮助合伙人解决争端（以非对立的方式），他们对合伙关系的内部工作有独特视角。调解过程中，不受任何范围限制。争议双方不再守口如瓶和提防一切，他们会卸下心防说出自己的故事，合伙人也确实需要坦诚相待，才能让调解员发挥作用。若没有事无巨细地把一切放到桌面上说清楚，调解员无法帮助合伙人达成一致决议。在调解合伙人争议过程中，很现实的情况是：当事人谈到股份、金钱、谁超过情理份额拿多了等这类话题，只要见到一丝曙光——调解员就可以帮你快速安全地转移出泥潭，把所有问题搞清楚。

## 来自"前合伙人"的警醒

调停后的心理干预过程，合伙人与我聊到他们最初合作时的愿景和发展过程所遇到的问题、僵局。我得以知晓合伙人各种选择背后的原因。即将成为合伙人的你，或已是合伙人的你，下面7个警示总结自与他们聊天的内容，希望对您有所帮助：

> 如果你觉得自己不是当合伙人的料（即不善于团体合作），请不要尝试；
> 选择合伙人，务必谨慎加谨慎；
> 如果你确实不需要合伙人，那么就不用去找；
> 如果开始前感觉就不好，请不用再继续；
> 不要认为法律文书可以避免合伙人之间的一切矛盾；
> 如果你已经是合伙人，觉得大家工作配合不好，想办法解决；
> 如果你对现有合伙人的合作关系存有疑虑，请在你们还和睦相处的阶段处理它。

不具备团队精神的人，永远无法扮演好合伙人的角色。佛罗里达州的房产代理人金格尔·斯宾塞理解得就很透彻，"我是不会去找合伙人的，我喜欢一切按自己的方式来。再者，我也不想对谁负责"。能够清楚并接受自己的局限性可谓自知者明。

商学院和其他专业的学校、咨询师、商业顾问本该提醒学生上述的警示，但大多没如此做。充其量，他们只会稍微介绍合伙关系失败的惨痛故事。看到合伙的诸多风险，你便能明白为何很多学院、咨询师、商业人士都认为合伙生意是个坏主意，然而很多事情，只要前期计划或注意事项没有充分准备和了解，都可以定义为坏主意（如器械潜水、跳伞、登山等运动项目），商业合作与此无异。

下面章节，我将先介绍四个关键性问题，决定坐上合伙之船的你应该停下问一问自己。接着，再针对已有合伙人的伙伴提出解决方案。

## 上船前的四个关键问题

合伙关系这条船，上船远比下船来得容易，决定在虚线上签字前，你务必好好问自己几个关键问题，诚实回答。提出这些问题对合伙关系健康发展大有益处。第一和第二个问题很简单，却也很容易被忽略，它们很重要，需要人们坦诚地回答。记住，有时最初的答案如果经仔细推敲，不一定能站得住脚。

### 为什么想要拥有一家公司或一门生意

本章的开始，我有讨论到人们开办公司的几个（可能的）动机。每每问起，人们的答案都冠冕堂皇，要知道肤浅而圆滑的回答对你没任何好处。问题实际上是你对自己目标的诠释，是一种决心，对生意的期望。创立自己的公司是为了将来发展成大财阀？想做出全市最好的牛角面包？实现财务自由？名扬天下？旅行？成为穆拉诺玻璃在纽约最大的经销商？成为当地最受欢迎的室内设计工作室？赚100万美金？不想屈尊于人，想自己当老板？

你需要了解自己和合伙人创办企业的目的，确保大家的动机大体一致。否则，你会感觉自己漫漫旅途找不到哪里是终点。或许有人能抵达目的地，但只会是以下两种：1.具备实力的乐天派旅者们；2.路上大家和谐相处，没有争论。一般来说，越小的生意，你和合伙人的创业原因越相似。大型集团的合伙人有更大空间，更多种方式实现目标。

你为什么想找合伙人？

有些人认为找合伙人简直是罪恶之源，他们对合伙人的偏见成了公司发展的桎梏。尽管有偏见如此，还是有人悄然发展了合伙关系。

有的人创业，是希望每天能有伙伴相互交流，于他们而言，这是一种特殊方式：通过企业实现自己渴望的人际交往。如果硬性要求一人单独作战，他们也没意见。

除以上两种极端情况外，大部分人认为合伙人可以集众所长，实现财富累积。重点还是要清楚了解自己找合伙人的原因，以免将来失望或者因错误付出巨额代价。很多人发展合伙关系却从未严肃地问过自己原因，只有当碰到意外困境、不想与对方合作时，才意识到问题的重要性。

彼得想到一个关于电脑软件公司的新主意，他觉得这是个商机，在未来几年里将价值连城，不过得有人帮助他把想法落地。因为从未创业，彼得也认为单靠自己无法完成，所以他找到合伙人史蒂夫，史蒂夫在市场营销方面经验丰富，这对公司发展举足轻重。他们各投入 5 万美金，决定一年之内都不领薪酬。考虑到主意是由彼得想出的，史蒂夫建议所有权按 55 比 45 来划分，彼得占 55；彼得表示赞同。

两年以后，彼得和史蒂夫收到一家国有企业的买方报价，对方出高价买断了他们二人股份。彼得惊讶于自己好财运的同时心生悔意。彼得事后诸葛亮，他此刻内心的想法和两年前大相径庭，两年前他不自信可以单独运作一家企业，现在认为，史蒂夫这两年内工作虽然尽职尽责，但所有的主意都源于自己，也正是这些主意创造出价值，每人同样出资 5 万，一年不领薪水，史蒂夫的付出远不及自己。彼得觉得自己为了创业时有人陪，竟把 200 多万美金拱手让人。

也许是贪婪心作祟，彼得更正了自己先前的观点，加之公司一举成功，他有些飘飘然，高估了自己的自信，低估了史蒂夫付出的一切。有时，合伙人能让你更有信心去做事，你独自一人却无法实现这种自信。创业可以说是如履薄冰，特别是冰上若只有你一人更是孤独可怕。独立创业者可以找员工聊天谈事，但合伙人与员工截然不同，他们是能够与你共担责任的人。独自承担企业的一切，从经济上或是感情上都令人望而却步，如果说合伙人只给你往前走的勇气，没有其他，给他的股份也已值回票价。作为备选方案，假设彼得能清楚认识到自己找合作伙伴不过是为了克服恐惧，或许可以尝试用其他方法来化解。

有比找合伙人更合适的方案吗?

合伙人的好处诸多，但也会令你的生活复杂化。企业合伙人越多，事情风险性越大，也越复杂，所以决定前问问自己是否有其他方案比找合伙人更合适不失为明智之举。比如说，彼得可以找咨询师，把自己商业战略先拿出来探讨一下。或者，彼得公司已有财务人员，另外招聘一名有市场营销经验的员工便可。

一本关于合伙经营的书建议你去探索其他办法，不要招募合伙人，似乎有些可笑，实际上，合伙经营的内在风险不可避免，这要求你在决定前务必仔细思考是否有其他更好选择。

你选的合伙人是最适合自己的吗？

有的人可能是很好的商业伙伴，可是却不一定适合你。问题不在于合伙人多完美，而在于这个人是否能和你形成共振、创业成功。选择合伙人是人一生中的几个重要决定之一，这点在商业领域的重要程度不亚于生活中选择结婚对象。人们与合伙人共处的时间甚至比配偶还多，合伙人把彼此的财富和未来融合在一起，荣辱与共。合伙人的每一次决定对彼此生命有着深远影响，合伙关系的质量也影响着彼此早晨上班前和晚上睡觉时的心情。不得不说，合伙人的选择是人们办企业最重要的决定。

成功的合伙关系，重要元素有：

合伙人彼此个性相投；

相似价值观；

团队协作的能力；

相容的目标和明确的愿景；

彼此尊重与信任。

准合伙人如果能开始评估上述的元素，已是一个好开端。人格研究曾表示虽然外貌决定了他人对自己的第一印象，但在日复一日、年复一年的工作生活中，彼此相处主要由个性主导，或相得甚欢或祸结衅深。

价值观，多数人未意识到它的存在，却是我们做一切决定的基础，价值观概念比较抽象，但它对合伙关系是否长久有重要影响。合伙人意见相悖总会发生，那时，不同的价值观主导着不同决议。比如是否要开除这个员工？是否要继续注资升级设备？无视问题存在，彼此价值观的区别最终会以矛盾分歧的形式爆发出来。

朋友与自己意气相投，所以有人认为和朋友一起创业是安全的做法。说法有其可取之处。举个经典例子，两名许久未联系的朋友在 25 周年同学联谊会上偶然遇见了。

## 挚友与良伴（合作伙伴）

1993 年两名哈佛学生——查克·霍顿和比尔·福斯特在学校 25 周年校友会认识了对方。此前，两人从未有过交集，各自在自己的领域往上奋斗攀爬（福斯特是一名投资银行家，霍顿则是市场咨询公司的负责人），都很热爱并享受生活，都很渴望做点与众不同、不那么传统、充满挑战的事情。

午餐时间，他们聊得饶有兴致，发现彼此谈论的话题离不开船和水上活动。福斯特在很小时候就开始帆船运动，而且对各种木质船有极大兴趣。霍顿对木质船也有着特殊的感情，特别钟爱一家百年企业宜科电艇公司出产的船。1893 年，霍顿的祖父买了一艘宜科首批生产的船艇，直至霍顿长大成人，船还能运转，每年夏天都会出海，航行状况良好。霍顿的感情不仅仅限于祖父的船，他深深关心着宜科电艇和造艇的员工。

宜科电艇有着悠久而耀眼的历史，创立于1893年，制造设计精良、经久耐用的电池发动木质船，所有船艇皆为手工制作。很多名人都曾购买过宜科出品的船。亨利·福特的妻子会认为汽车装有"爆炸马达"而拒绝搭乘丈夫早期生产的汽车，但她会以自己拥有一艘宜科牌船艇为傲，船行驶平稳无噪音，更不需为可能发生的爆炸提心吊胆。

几十年后，整个船艇行业热衷于速度提升，宜科公司决定转而生产汽艇，不再制造电艇。1949年，一家大型集团收购宜科后停止生产。1988年，私人公司接手宜科，宜科恢复生产，但1993年，公司面临永久停业的风险。

霍顿不仅从濒临消失的宜科买过一艘船，他也是公司所有者的朋友，福斯特说："每次他们见到霍顿，你会发现这远远超越了卖家与买家的关系，霍顿不仅是顾客，更是对宜科产品有着特殊的信仰。"霍顿打算说服福斯特投资宜科时，他已是宜科公司咨询委员会的一员。最初，福斯特表示自己"非常不愿意"和宜科有瓜葛，"我觉得提议太具挑战性，根本无利可图"。

前前后后谈了一年，霍顿心里清楚福斯特依旧视宜科电艇为经济风险。霍顿邀请福斯特乘坐宜科电艇游览北纽约州的乔治湖。

福斯特说："那天我们乘着船，喝着威士忌、抽着雪茄，然后我看着他说了句'这样不公平'，他知道我已经迷上这艘船了，知道我已打算签订协议，拯救宜科电艇公司。"

1994 年他们共同成为公司的股东，霍顿任总裁，福斯特任董事长。1996 年 1 月 1 日开始完全掌控公司，二人的配合从那时起就已相当融洽，他们地位平等、共有公司大部分股权，同时投资伙伴和公司雇员也享有公司股份。霍顿负责公司的日常运营，福斯特一年中只有几天会在工厂，不过如果需要发挥他的专业所长，他随时待命。福斯特说："霍顿主持大局，而我提供建议。"

至于霍顿为何那么希望福斯特当合伙人，他如是说："与福斯特合伙可以获得高水准的商业技巧，这些正是我需要的，而且他能够给予我成功的信念。福斯特人也很好，作为好朋友很称职，我信任他，如果没有他的加入过程肯定会很无趣。"对福斯特来说，与霍顿的友谊和以往建立的信任是决定合伙经营的关键。福斯特说道："我是现实主义者，有丰富的商业运作经验。从财务角度看，这是一次风险投资，如果不是霍顿，我不会参与进来的。我有过很多合作伙伴，知道这其中的困难，当然也知道自己和霍顿有很多共同点，只要我们从共同点立足，事情便具可行性。我们的基本价值观相差无几。投资宜科电艇，两人都不是出于对金钱的渴望，而是一种敬爱。"

霍顿和福斯特的例子说明友谊在合伙关系中具有相对优势。

当合伙人说出或做出伤害、贬损对方的事情时，深厚友情可以避免合伙人陷入消极局面。友谊是信任之源，是一段成功合伙关系的重要因素。真正的友谊，能够理解合伙人家庭变故导致公司业务暂时性的减少。坚固的友谊是共有价值观的象征，是遭逢困境时聚集大家齐心面对的号角。

不幸的是，朋友间的合伙关系并非都如霍顿和福斯特般和谐。我访问过一名急诊医学专家，他曾经十分认同把朋友变成企业合伙人的观点，觉得这很靠谱。"我选了一个很好的朋友一起合作，我和他相识多年，大家价值观也类似。但实际上我错的离谱！"医学专家进一步解释情况，"当时我认为都是好朋友，不用起草任何文件，我们两人都觉得没有必要。第一次遇到棘手问题时，我们的友谊就崩塌了。原来我们对同一个问题看法竟有天壤之别。"朋友情谊瓦解了，合作也崩了，医生再也不想找合伙人一起共事。

人们常以为朋友关系可以为合伙经营助上一臂之力，殊不知多少的友情因此而破裂。在商业领域，无论合伙人是否为朋友关系，前途都难以预料，社会交往和商业活动偶有交集，但区别还是很大的，可能某些方法在这个情况下适用，另外的情况则不一定。有时，友谊甚至会阻碍准合伙人的进程，他们需要面对更多问题，非朋友关系的人就不用考虑这些。比如问题：

1.朋友常常自认为很熟悉对方，实际却不然；

2. 不愿认认真真地去进一步了解彼此（我们是朋友，大家
   都很信任对方，不需要"深入挖掘"）；

3. 通过急救医学专家的例子得知，朋友发展而成合伙关
   系更倾向于"无字协议"（不用多说了，我们是朋友，
   相信彼此）。

　　下面介绍另外一种朋友间的合伙关系，与霍顿和福斯特情况
相反。他们是马文·戴维斯和罗伯特·阿利瑞，也是位于纽约北
部的一家小公司——罗曼斯木业。二人共为公司合伙人，但不是
朋友关系，他们也会避开一切尝试，不愿把合伙人发展成朋友。


## 是良伴——非挚友

　　亲密的友情对于融洽合伙关系来说很关键吗？罗曼斯木业的
合伙人马文·戴维斯给出的答案是否定的，戴维斯主张企业中越
多不同类型的合伙人越好。

　　"我觉得良好的合伙关系，需要不同的合伙人，大家想法不
同，来自不同学校，去不同的俱乐部。截然不同的想法有利于企
业发展，他们不需有私人社交，甚至不用去一起喝酒、吃饭来维
护合作关系。"

　　大家需要的仅是他说的"把生意做好的信念"。戴维斯和合伙
人阿利瑞是这一信念的践行者。戴维斯是来自纽约的前广告总监，

阿利瑞是一名技艺高超的木石匠人。

阿利瑞开了一家小型木材加工店，1991 年，戴维斯在卡茨基尔的房子需要装修露台，他找到了阿利瑞帮忙装修，两人见面了。阿利瑞回忆装修完工后，他们第一次在戴维斯的露台喝着酒席地而坐，很放松，也就是在那时两人决定合伙做生意。

戴维斯说："是我提出合伙经营的建议，我可以提供一切小额资金支持，他只需要专注木材加工和企业经营，如果公司有新的业务进来，我们就分配利润。没有任何计划和文书，企业的成立纯属即兴决定。"

阿利瑞描述他们合作的开始好似玩过家家，他记得最初和戴维斯是这么对话的，戴维斯说："我觉得这东西咱们可以卖。"然后我说："嗯哼，对，你懂的，这东西我可以做。"戴维斯形容这次合作就是"嬉闹"，称不上真正的商业经营。其实早在 1992 年，戴维斯和阿利瑞就开始合作，但戴维斯在 1994 年自己的广告公司失去了一名大客户，关闭停业以后才开始花时间经营两人的合伙公司。

在美国，复兴 19 世纪乡村风格的户外设计建造公司只有罗曼斯公司一家。他们的技术炉火纯青，受到很多要求颇高的企业青睐，有华特·迪士尼、美国特拉华州的温特图尔博物馆花园，还有哈德逊河上的历史遗迹——海德公园[1]、范德堡庄园。

---

1　美国纽约州东南部村庄，罗斯福总统的出生地。——译者注

尽管戴维斯和阿利瑞都很喜欢且尊重彼此，十年的共事并未能把他们的合伙关系升华到友谊关系。他们清楚彼此性格和背景存在巨大的差异，这也是那么多年以来不断争吵的根本原因。阿利瑞说："我们不是好哥们儿。"戴维斯补充道："我们不会一起出去，各人有各人的生活、朋友、兴趣。"

戴维斯之前的广告业务曾有过合伙人，他坦诚指出自己与某些合伙人有过节。"我对他们要求太多了。我希望合伙人可以做到和我一样，但他们没有也无法做到。其实我才是问题的始作俑者（包括与阿利瑞发生的矛盾），一直以来我周围的环境都是有条不紊、结构紧凑的，我不喜欢以松散的方式做企业。阿利瑞工作的风格是我从未想过的，也是因为这样我们经常发生争论。"戴维斯说道。

戴维斯举了个例子形容他们"复杂的关系"，来听下面这个故事：戴维斯想知道阿利瑞在工作日离开厂房后去哪里，便问了他，阿利瑞回答，"我没有义务让你知道"。戴维斯这样解释阿利瑞的行为："他完全不想自己受限于人，不想让别人知道太多。其实有很多类似的情况，虽然都是些小事，但都确实存在。"在阿利瑞看来则是"他不理解我的某些做法和生活方式，我对他何尝不是如此"。

尽管两人有过无数次争吵，阿利瑞说"我们从没有隔夜仇"。工作内容极具创造性，"出于对这项事业的爱"把我们凝聚在一起，阿利瑞补充道。如果不再合作了，"我可能会把小店重新开起来，卖点东西，讨点生计，日子也能过得去。我会把和戴维斯合作几年学到的知识利用起来，但不一样了。"他说。

我同意马文·戴维斯的观点，友谊并非是合伙经营的先决条件，只不过，若合伙人彼此是朋友关系，会不会更有优势？答案在我看来是肯定的，霍斯顿和福斯特就是很好的范本。无论是否为朋友，准合伙人都需要在加入前了解清楚情势。第九章会介绍如何探索大家的价值观是否一致。人们还需要知道为何特别钟情于"他"作为合伙人，他可以做出的贡献是什么，彼此间的期许又是什么？

如果不坦诚相待，阐明自己的要求和对对方的期待，于大家而言，是一种伤害。迈克尔计划开家商务咨询公司，考虑到朋友斯图尔特信誉卓著，能快速打开市场，就决定邀请他加入公司。迈克尔并未告诉斯图尔特自己的动机和想法，斯图尔特则一直认为迈克尔是希望有个可信之人以专业化、高效化运作公司，才找到自己。

两年之后，迈克尔告诉斯图尔特，公司 90% 的业务都是自己带来的，他对斯图尔特很失望。得知真相后的斯图尔特十分诧异，迈克尔对自己的期待是什么，他毫无概念，再者，迈克尔邀请自己加入公司的动机也令他相当愤慨，斯图尔特认为私人社交全然为了商业目的，让人很反感，这会把大家的关系复杂化，伤害彼此友谊。

准合伙人可以采取大家容易接受的方式把动机说出来。90年代末，创派公司是华盛顿最优秀的活动策划公司之一，公司的特雷西·布卢姆·史华兹打算买断其母亲在公司的股份，并希望休·巴斯比成为合伙人。休是公司的主要员工，多年以来负责的行政管理事务也证明了她实力不俗。公司创始人丽塔·布卢姆重拾心头所爱，亲自为客户做活动策划，不再插手公司的管理事务。没有第三者的干涉，特雷西和休在管理公司上相得益彰。特雷西和休买断了丽塔的股份，继续运营公司，水到渠成，她们也已着手开展相关事宜，不过，仍决定还是大家坐下来，进行一次彻底对话，讨论合作后的各种可能，这是个有远见的做法。

两天半的讨论过程中，特雷西和休充分探究各种议题，比如成为合伙人意味着什么，各自角色会有怎样的转变，对彼此的期待又是什么。经过对话，休发现自己并不想当企业负责人，她觉得目前的生命阶段，自己不适合合伙人这个角色。休表示仍只想作为公司骨干员工，但她担心是否会因为拒绝成为合伙人的提议而被特雷西记仇，遭其解雇。特雷西向休保证，她理解休的想法，并珍视她的坦诚，她可以继续作为骨干员工服务公司。几年之后过去了，现在她们工作仍旧配合得十分融洽。

## 倘若你已有合伙人

当你签下大名，成为公司共有者，挑选适宜合伙人的篇章已翻页。对多数人而言，挑选过程都太草率，没有经过深思熟虑，文件一旦签署，就已无回头之路。殊不知，要维持和谐健康的合伙关系，挑战才刚刚开始。以下三个问题，异常关键：

### 你是否重视合伙人间的关系

企业的共同所有者们为了公司的成功付出巨大精力，但很少有人为了保持合伙关系的融洽付出同样努力。我就看过很多合伙人很用心地培养与公司主要经理人的关系，却鲜有如此用心地培养合伙人关系。合伙人应该要意识到他们关系的好坏对于公司的成功发展至关重要，而且合伙人的相处模式亦会成为企业内部人员的相处范本。若合伙人彼此信任坦诚，共同协作，那么企业其他人在工作相处中也会以此为镜；如果合伙人相互容忍缺点，出现困难会尽己所能帮助对方，其他员工也会仿效之。相反，合伙人间如果常有争论，彼此冷战，员工自然也亦步亦趋。

故而，合伙人务必要重视合伙关系的质量，特别在企业业务发展顺畅时期，这段时期相对来说更易培养。合伙人间的感情培养与企业发展一样，都需要持续性地在时间和精力上付出，亘古不变。所有合伙关系都是动态而不断变化的生命系统，合伙人若是长期忽视关系发展，无异于把企业立在危墙之下。即使是合作多年的合伙人也需要不断维系以保友谊融洽，才是成功之正途。而把合伙关系视为理所当然，难免就会危机四伏了。

### 制定合作细节了吗

多年来，我曾问过无数成功的企业合伙人和专业人士，在他们成为合伙人前，是否把协议都列明清楚，通常答复为"是的"。然后我继续问是否可以理解你们已经把所有关于资金、公司所有权、各方充当的角色，以及不断变化的合伙关系等内容都讨论过且解决了？他们总是会停顿片刻，避开正面回答。

协议模棱两可，某些合伙人却不以为然，常让我震惊不已。比如说下面这些内容，他们都未清晰列明解决方案：

利润怎么处置分配？

遇到严重经济衰退该如何面对？

如果每个合伙人表现都非常好，他们该做何决定；若有人表现欠佳又该如何处理？

合伙人中有人不再对工作感兴趣，但仍在领薪水，要怎么解决？

如此具有争议性的内容，为何还是有那么多合伙人选择视而不见？处于创立阶段的公司合伙人表示自己承受着巨大压力，从寻找办公地点到雇佣员工，再到寻找客户、研发产品，保证足够营收维持公司运作，压力贯穿始终。这些都是不争事实，合伙人公司在设立初期商讨并确认的协议会让人感到不自在，这也是事实。对很多人来说，与客户洽谈远比合伙人来得自在。实现交易，方针明确且涉及的个人因素较少，故和"外人"谈判更容易。

合伙人谈论的议题有些内容较为敏感，不可避免。合伙人可以雇佣配偶吗？或者雇佣他家的少爷、千金？哪个雇员该向哪位合伙人报告？很多内容都能挑拨起合伙人的矛盾，合伙人自觉不善处理争端的，会选择避开这些内容。棘手问题初露端倪，他们选择闭目不见，只祈祷问题赶紧过去，或者以"它要是出事了，我自然会处理"的态度面对。


## 未来将引你至何处


关于公司的眼下安排，很多合伙人都是随意处置（如谁该负责哪个区域常划分模糊），更不要说将来的计划，完全没有清晰的轮廓。鲜有合伙人会在初期讨论企业未来发展的不确定因素，而不确定就意味着风险。已建立的合伙关系，可以把自己从日常纷扰事务中拔出，想象一下未来的路，再拾起初期落下的问题，好好解决，或许是最理想的方式了。结构化流程完整地概括合伙人所将面临的挑战，有了它，打算建立合伙关系或者已有合伙关系的人将受用不尽。如我前面所述，只要能避免合伙关系的风险，你所有耗费的精力都是值得的。探讨、共商协议和做出承诺的最佳时机便是现在。待到矛盾出现再来解决合作关系中的含糊争议点，就好比在灭火器和应急出口前等待火灾发生。第二章将会介绍结构化流程，引导你制定书面文件，给未来的合作成功上一道"保险栓"。

# 第二章　走正确的路，从合伙人原则开始

　　我和同事在会议室接待的 BMC 首位客户是一对父子合伙人，彼此正处于相互掐架的状态，他们告诉我，其实两人在建立合作关系初期见律师时，就已埋下矛盾的种子。单看公司的销售数据，不考虑两位合伙人经常起冲突的情况，这家公司称得上是优秀企业。开业两年，他们的新英格兰海鲜批发配送公司的年收入就近1500 万美元，而且公司办公地点空间狭小，仅雇佣 4 名办公人员和 2 名仓库人员，费用低廉，公司利润非常可观。作为一家新创企业，它的成功速度让大家十分诧异，父子俩也对此感到吃惊。然而，从合作关系上讲，他们是失败的，愤怒、沮丧充斥其中，彼此剑拔弩张。两人的敌意威胁着企业发展，顷刻间可能就功亏一篑，企业如果失败破产，公司在社会上培育的重要人脉也会随之瓦解。

　　父子的关系在某个夏季的午后降到冰点，两人甚至在员工面前相互大声呵斥，唇枪舌剑。正当儿子杰米准备冲出门外，父亲

迈克威胁道："如果你出去，就别给我回来，自动退出公司！"杰米继续迈着大步伐，大声喊回去，"这是不可能的，我是公司的董事长，有 50% 的股份！"在二人妻子的坚持下，他们联系了BMC，我们在隔周周末准备了一次危机调解。我们首先总结了调解的基本原则，任由两人发泄了几分钟后，他们开始述说为何合伙不久就遇到困境，迈克觉得儿子杰米把自己的董事长头衔太当回事，他希望儿子具备领导权威，但初衷是想让他能真正成长起来，与时俱进，实至名归。这也是所有家族企业的父亲对晚辈的期待。

杰米觉得自己才华横溢，在接班企业方面，他认为自身的付出远超实际所需。杰米坚持称把公司前进速度放缓是为了与父亲步调一致、迎合父亲，他自信无论自己做什么，都能够做好。他举了个实例，自己与银行第二次谈判信用额度非常成功。迈克则以为，杰米与银行商务领导会面没叫自己出席，好似小丑被人玩弄一般，他觉得受辱了，杰米在开会前也从不会通知他，他对此尤其介意。杰米认为，在重要会议中如果没有父亲在场，他成功的机会更大，几年前，迈克和他两个堂兄曾合开公司却搞破产了。

战火不仅在父子俩间，也蔓延到了雇员身上，杰米的好友兼大学同学是公司的骨干员工，成了父子俩的争夺对象，他们一致都认为杰米的同学十分优秀、工作卖力，开始或明或暗地争取他对各自阵营的忠诚。我们在调解开始时面谈过杰米的同学，他抱怨自己夹在中间很难做人，这场战火让他觉得企业非常动荡、摇摇欲坠。

我们询问了迈克和杰米为何当初决定一起合作，以尽快掌握主要矛盾。原来，在与杰米成立这家公司前，迈克曾经和他两个堂兄开过海鲜配送中心。配送中心是迈克的爷爷在1890年左右开办的，由家族传承到现在，迈克有着40年的从业经验，对家族企业的运作了若指掌。目睹爷爷的公司在自己父亲、伯伯们运营下倒闭，杰米相信自己知道该如何规避风险。进一步考虑，迈克和杰米过去关系十分融洽，读书时杰米趁学校放暑假曾去公司帮忙，亦相处和谐，所以他们认为如果两人一起工作将会是段愉悦的时光。

和迈克单独谈话时，我们问到为什么把两人职位如此安排：杰米是公司董事长，迈克为副董事长，迈克有些迟疑后表示自己真的认为杰米有经商天赋，可以做好企业。

我们继续往下问父亲迈克：公司的管理架构是如何决定的？他迟疑了几分钟，把故事娓娓道来。那时，他们与律师会面了解股东协议、公司条例的相关情况，律师问了两个问题让迈克猝不及防，当然，律师提的两个问题毫无冒犯意思，是例行工作。第一个问题，"谁是董事长，"话毕周围便陷入一片寂静，虽说迈克郑重而充分地考虑过把杰米纳为合伙人的情况，但律师的问题还是让他吃了一惊。迈克在商场上驰骋多年，有人脉，有门道，提供了公司资金。杰米是刚刚毕业的大学生，聪慧而精力充沛。他们从未想过谁来做大当家。

问题在空中凝滞，迈克瞥了一眼儿子，他正目不转睛看着律师，而后看向天花板。迈克忧心如焚，破口而出"让杰米当董事长"，迈克则默认接受副董事长职位。

律师抛出第二个问题，"股份占比呢？"迈克又扫视了一下杰米，杰米又一次机智地避开对视，望向天花板，耐心地等父亲做决定。"那就各半吧。"迈克说。

故事很值得玩味，考虑到他们过去家族企业的历史，做出这样的安排确实很罕见。虽然话是从迈克的嘴巴中说出，可是这种安排方式却让他自己度日如年。

我们深入话题，进一步询问了迈克做出此种决定的原因，迈克先是陷入一片空白，紧接着他回想起过去他的家族分配股份的往事，情绪显得激动不已。迈克说家族企业发展到父亲和叔叔那辈人的时候，父亲把公司运营得风生水起，可爷爷不顾事实，竟把公司传给叔叔。众所周知，他叔叔酗酒、不负责任，但这不影响迈克爷爷选择叔叔为公司大股东和董事长。这个决定引得几兄弟相互憎恨，不再交谈。

上辈人恶劣的关系继续蔓延到下一代人。迈克回忆起过去自己如何被迫生活在爷爷决策的阴影之下：由于只占少数股份、他总是处处受那没能力的堂兄的管控压制，据迈克所说，这个堂兄也是酒鬼。迈克以往的经历，促使他的行为产生戏剧性变化。他后仰而坐，冷静说道："现在我懂了。"他解释，在律师事务所，他潜意识中想纠正上两代人所犯的错误。两年多来，迈克深深希望杰米会感恩自己的拱手相让——一半公司股份和董事长职位。"他该多感激于此，"迈克评论说，"我从没跟他提过他曾祖父的所作所为，和我为过失所做的弥补。他一无所知，这是我的错！"当杰米回到会议室，从父亲口中听到这段往事后，他对父子俩的合伙关系有了新的看法。他们的心结解开，关系立刻缓和下来了。不再争执，中伤对方。一切都明了了，感觉就好像找到遗失很久的一块拼图碎片。他们终于展开对话，而这场缺失已久的对话，其实在建立合作关系之初就该发生。他们开始讨论彼此的不同个性和价值观，全然没有以往的剑拔弩张。不久，我们协助他们草拟了一份四页篇幅的协议，解决了问题。

完成调解任务后，我和助理驾车返家途中，迈克和杰米极具戏剧意味的经历令我们心生感叹。

为了保护自己的利益不受损，他们把彼此置于针锋相对的境地。确定协议内容时，就已无意识地给彼此关系埋下炸弹。随着接手项目数量的增多，我们感觉这并不是个例，而是普遍存在的现象。有时，严重的冲突并非即刻爆发，而是在数年以后，但我们往往可以从合作关系初期追溯其根源，始作俑者——早期起草的法律文件本应该在冲突爆发时充当合伙人利益的保护伞。

起初，BMC公司基本只关注调解企业合伙人间的矛盾。后来，我好奇于那些从未发生冲突的合伙关系。我采访了自称在公司初期相处良好的合伙人，询问他是否曾经把一切摆在台面上讨论，包括所有应涉及的商业合作基本条款。"是的，"他们答道。如果我接着追问，在合作关系中遗留下什么模棱两可的内容吗？大部分人会告诉我，确实有一两项没得到彻底解决。

摇摆不定的对话内容并不会直接造成灾难，但的确也是个隐患。合伙人若是省去了初期的谈判，内心常自觉不安，当然并不是所有人都会如此，但大家心里清楚，曾经有机会可以了解双方，却放任自流致使合伙关系危若累卵。纵然日复一日的工作中未起过风浪，他们心知肚明如果情势有变，双方都会披上铠甲，敌我对立地来谈判。悬而未决的问题就像是合伙关系的致命软肋。只要这场重要谈话没有进行，合伙人就很难真正融为一体发挥潜力。

制定合伙人原则的契机是合伙人要意识到完整的谈判内容和达成一致协议的重要性。随着原则的完善，BMC公司从解决冲突转为防患于未然，我们从原来修复破裂的合伙关系变为协助合伙人实现共有目标。

## 为什么要制定合伙人原则

有些人拥有出色商业企划能力，然则企划性质要求多人协作，加上自身对合伙共事的恐惧，放弃了单独冒险的想法。多少合伙企业维持数年良好的经营状况，后来因合作矛盾，一切付诸东流。还有很多企业本可以更成功，却从未思考该如何把大家的潜能最大化，丧失了机会。设计合伙人原则即为把合伙关系的成功概率最大化，充分发挥潜能。

合伙人原则好比一次短暂教学，教授你如何构建和管理一个专业化团队或商业合作。事实上，我在美国大学教 MBA，专业中有一门课有关如何管理家族企业，合伙人原则就是其中主要的部分。基本上没人传授过该如何当一名合伙人，原则是你必要的工具书，它包含了所有合伙人应该涉及的内容，其他文件或者讨论皆无此书完整。

合伙人原则的好处之一就是提供议题结构给合伙人，在建立或取消合伙关系时可以按议题讨论。参照结构，以合伙人的需求、轻重缓急、个性、情况决定重点内容。合伙人原则大致覆盖三个范畴（广义上）：商业议题、关系议题、涉及合伙关系发展的议题，会在后面几章中依次介绍：

合伙人原则告知、提醒人们哪些问题会引起合伙人矛盾；
提供结构，讨论敏感、棘手的议题；
让大家更开放、更坦诚相待；
消除多数合伙关系中存在的模棱两可；

提供时间和空间给合伙人、准合伙人探讨双方的共同目标
是什么；

把个人风格、价值观、理想、美好愿景转化成具体行动的
一次试炼；

帮助人们辨清自己是否真的想成为合伙人；

帮助准合伙人了解彼此，建立互信，相互理解，各自发挥
所长；

给合作关系协议背书；

在将来，作为合伙人指导方针；

明确合伙人想法，为律师起草法律文书提供参考；

最大化降低误解、冲突等。

    制定合伙人原则，能够更清楚地让大家了解彼此合作所谋之
事，很多人的沟通能力在讨论中得到了提升。所有完成原则制定
的合伙人对将来大家齐心协作更有信心，他们清楚彼此已经通过
考验，大部分合伙人避之不及的内容，他们都能和谐走一遍，合
作关系未受影响。

    讨论过程对任何人都适用吗？不，我们曾见过两种结果，一
种是详细考虑了合作关系，在制定合伙人原则中，意识到自己不
想入伙。对于这种觉醒，当事人既难过又释怀，难过的是自己不
能按计划往下走了，释怀的是可以不用做自己不喜欢的工作。另
外一种是合伙人在大家合作多年以后才决定制定原则，理由多是

因为合作关系出现了困难或者是合伙关系处于转折阶段，如引进新合伙人。相处不快的关系可以通过合伙人原则的讨论来决定是否要继续，如果能够达成一致把原则定下来，就继续携手共进。那些无法顺利完成原则讨论的合伙人，若没有定下协议就往前行，是极有可能出现严重问题的合作关系，知晓情况后，这些人就会转变方向讨论合适的散伙方式，而先前讨论的原则会帮助他们有序推进退伙过程。

处在过渡时期的合伙人，原则帮助他们认清自己是否愿意在新企业架构下往前迈进。这点至关重要，就好像驾照路考，通过了（原则讨论），你便知道自己可以上路了。

完成所有原则讨论，终会以书面文件形式记录双方共识，并作为将来合作道路上的引导。合伙人原则概括了大家的实际情况，包括创办企业的目的、各自梦想、未来期望、共同协议；进一步解释了合伙人是什么，对大家来讲又意味着什么。事实上，它也发挥着应有功效，很多合伙人在合作初期把原则交给律师，律师草拟合作关系、股东持股、合约和买卖协议过程中，它起着举足轻重的作用。

合伙人原则不是板上钉钉，可以根据不同合伙人的需求灵活定制。合伙人务必要定期回顾原则内容，视需要修改，定期回顾可以督促合伙人及时关注周遭发生的变化，在事情爆发前防患于未然。

合伙人原则可以保证大家合作相安无事，完全没有争论吗？不，但它能够促使合伙人深入探查、彻底了解彼此，了解大家未来该如何共事；防止大家略过敏感而重要问题的讨论，去除合作中的模棱两可。原则不能完全消灭严重冲突发生的可能性，然则，是合伙人在合作旅程中的最佳保险栓，是合作关系中建立信心最有效的方式。

## 合伙人原则需覆盖哪些内容

合伙人原则的主题该取决于合伙人本身，而非合作关系的理论。我们倾听接受调解的客户是如何陷入泥潭，再根据他们的经历构建原则。我们的"推理"很简单：如果这个客户遇到某个问题，其他客户同样也会面临类似情况，我们就会归纳到原则中。

举例说明，十几年前，迈克和杰米的原始"原则"，称为原则有些勉强，其实不过是一份粗糙的文件：粗略概述二人的主张。文件简单地描述了哪些重要内容需合伙人讨论，以何种方式、何时讨论；各自的头衔和意义；公司对内和对外时（即在面对员工、银行人员等），彼此所应扮演的角色。我们针对文件，加入了些防患内容，提供指导性原则帮助他们解决未来发生的冲突。这种原则可有可无，调解当时，我们甚至不记得他们曾提供过初始原则。

其后接触的客户，我们也了解到其他不同情况导致合伙关系陷入僵局。BMC成立初期，每次接手新客户，都会发现一些新问题，随着时间推移，我们遇到新问题的次数越来越少。逐渐地，出现的问题及其解决办法愈发模式化，我们开发出一套合伙人关系原则的范本，我们自信原则能够覆盖所有必要的议题。

## 合伙关系原则与法律文件的不同

迈克和杰米律师起草的文件，给予了他们"安全感"错觉。手里握着的公司文件，让他们自以为把所有合伙关系该做的工作都已完成。

从法律角度上说，他们确实把该做的做了。开设公司，要求提供公司原则、股东协议。有些可笑的是，法律意义上以合伙形式创办公司，却并不需要任何的书面文件：如果两个人想合伙，不用提交正式合同，只要大家行为举止像合伙人就够了，或者嘴上谈到合伙就似乎已尽表诚意。由于官方没有特别要求提交合同，随便一份法律文件都会让他们产生错觉，以为自己已相当重视了。

准合伙人要意识到法律文件作用有限，它们以法人实体形式建立合伙关系或者公司，明确了合伙人的权利和义务，指明公司注册地址、公司名、每位合伙人投资数额、利润分配。从真正意义上说，文件存在是为了保护合伙人相互间的权益，承担有限责任，所以文件具有法律约束力。

准合伙人最好在原则前言中，澄清原则并不具法律约束力。律师可以通过原则得知合伙人的初衷，并作为拟定法律文件时的参考，但原则不能取代法律文件。

法律文件的重要性和必要性毋庸置疑，只不过仍远满足不了合伙人的需要。就拿所有权比例来说，法律上，需要明确比例配置，迈克和杰米经历一番教训后就明白，若没有理清比例分配的缘由就记录在法律文件中，问题会如乱麻接踵而至。第四章我会介绍一个故事，五位精明能干的商人，公司开办初期，经讨论大家一致同意股份占比后记录在公司文件中，一年后，有几人声称大家曾口头协议一年后回顾各自占比后再行分配。他们请了调解员来收拾烂摊子，理清所有权的比例问题。最初的讨论和安排符合法律要求，却无法跟上合伙人后续工作配合的需要。第四章将会提到充分讨论公司所有权分配意味着什么。

总的来说，按法律要求提供的合作协议内容，（如合伙人头衔、股份比例、公司地址）不会有太大变化，而合伙人原则则要定期回顾、修改。原则更多地是种创造和维持，以创建和维护稳定、共同协作的合伙关系为目的，所以它更具价值意义。

## 合伙人原则该详细到何种程度

经过设计，合伙人原则覆盖面可以是全方位的。它应该贯穿合作关系始终，合伙人务必要充分讨论各自需求，所有可能引起争议的问题均要达成共识。以下列明了部分指导方针：

1. 如果合伙人之一认为某件事情很重要，就该放进原则中。切记在合伙关系这趟旅途中，只需有一人不高兴，就足以破坏整个团队的兴致。

2. 若你心里已经有主意了，请把它简单记录下来，写进原则中。我曾记得这样一件事，合伙人认为大家已就赔偿问题达成共识，当他们在文件中寻找相应细节，却了无痕迹。

3. 多多益善。记录协议在档，即使内容不具争议性也过一遍，相比略过这部分待日后才意识到它的重要性，前者更为可取。遇到合伙人已切实解决的问题，可以快速略过。

4. 如果你们已经拟好关于合伙的文件，请务必加到原则中。加利福尼亚的 SHN 工程地质咨询公司打算把企业宗旨写进他们的原则中，就融合得相当出色。

5. 请不要忽视一切类似敏感议题，它们往往是麻烦的罪魁祸首。

6. "现在没有意外情况，等它出现问题我再来处理"。请避免这个心态，待着火再救火，为时已晚。

合伙人没有必要完成合伙人原则的所有章节，实际上，也很少人这么做。重要的是大家一起把每个部分通读一遍，讨论利益相关的章节就可以，这样就能坦诚面对自己，知道哪些问题已经解决了，哪些还没有。

多少次苦口婆心提醒大家，不要避重就轻，绕开重要讨论，此处还是得再提一次。很显然罗茜·唐内尔[1]和古纳亚尔出版公司在 2001 年签订合伙协议（占比各半）时，没有进行充分讨论。关于这段众人瞩目的合伙关系破裂，《纽约时报》在 2002 年 8 月刊登了文章：

> 这份名为《罗茜》的杂志到底归属何家？是前脱口秀主持人和编辑总监——与杂志同名的罗茜·唐内尔？还是发行杂志的古纳亚尔出版公司？问题的争论发展为公开的战争，两名前合伙人分别雇佣知名律师，争夺杂志的最终所有权。风光不再、苦苦挣扎的《麦考尔》杂志去年更名为《罗茜》，是这场争论的根源。虽说资金上合伙人各占 50%，杂志以罗茜·唐内尔署名，但古纳亚尔出版公司仍保持杂志的编辑和控制权。在合作关系签订初期，罗茜就开始对自己的决定懊悔不已，直至最近几月，仍十分沮丧。据古纳亚尔出版公司员工说，上个月罗茜女士还要挟诉讼，对员工滥用职权，并恐吓称"要把杂志搞垮"（特

---

1　罗茜·唐内尔（Rosie O'Donnell），美国演员、编剧、制片人，代表作品有《少年狗仔队》《西雅图夜未眠》《人猿泰山》等。——译者注

别强调）。

她确实做到了。更准确地说，合伙人无法妥善处理出现的问题导致杂志停刊，《麦考尔》也好，《罗茜》也好，都不在市面上发行了。

新人和老手都最容易陷入这种陷阱，人们的天性使然总喜欢遗漏点东西，而疏漏常会引发歧义，协议中的歧义定会造成灾难。有意识地探讨原则，并好好运用到自己的实际处境中，合伙人可以走得更长久，能够在数月甚至数年避免冲突。

## 为什么合伙协议需要书面记录下来

在商言商，凡涉及商业活动，要按商业行为处事。有些人认为合作应以握手达成协议，合伙人绑上了自己的名誉，赌上了自己的资金，要想合伙关系发展更为顺利，最好以书面形式记录大家的想法和协议。

口头话语转变为书面文字，是人们把模糊问题理清的最佳方法。在彻底了解彼此意思前，大家普遍会先讨论合伙后的工作方向、口述协议。大学时看过一段语录，现在仍记忆犹新，"你觉得已经听明白了（你脑海中理解的）我的意思，但我不知你是否清楚你理解的其实并不是我想表达的"。合伙人在议题的讨论过程中容易产生误解，所以无论哪种方式，只要能够增进理解就可以减少冲突发生。

把东西记录下来也有助于组织讨论。拾笔书写促使团队以更彻底的群体思维规划合伙关系。通过记录，他们会发现可能遗漏的问题或者是细微差别，如果大家很少沟通，这些差别基本会直接跳过。书面记录结果是更深刻的讨论，你会发现这次讨论比以往所有讨论都更有意义。

书面文件是非常必要的，它提供可靠的记录。时间侵蚀合伙人的团体记忆速度比侵蚀个体记忆快上数倍，只要合伙人之一记忆出现偏差，那么团体记忆也遗失了。

某企业在最初两年运作良好，两年后谁将是公司主负责人，两名合伙人对此争议不休，使得企业濒临瓦解。前两年担任副总裁的女士称她们曾一致同意让自己第三年当总裁，而前两年担任总裁的女士坚称同意更换的前提是自己担任总裁能力欠佳。因为彼此都认为她担任总裁期间表现优秀，她不愿意变更位置，从而冒着局势逆转的风险。担任副总裁的女士因无法转正为总裁而感觉受辱，她坚持自己至少可以做得和对方一样优秀。由于两年前没有文件记录下来，她们陷入了无聊的争斗中。

大多合伙人的争议其实本质是记忆的斗争。我们常见到合伙人的境遇和动机随着时间的推移产生的变化难以预料和捉摸，它改变了合伙人的记忆。上面的例子中，或许合伙人曾无意中谈到过两年后变更总裁职位，但没真正同意这么做。事实真相已无从知晓。参与工作的调解员在一次核心会议中发现，总裁其实已经对公司的副总裁失去信心了，虽然她加以否认，失去信心会让人有意无意地对记忆进行加工。若当时有书面文件，就可以阻止这场纷争，节约费用。

合伙人原则是一份非常私密的文件，合伙人最好只与一两人分享，如配偶、律师、会计或者其他值得信任的咨询师等。有人认为如此重要内容不能写下来，担心会被无关人等看到；也有人觉得商业合作要以握手协议方式进行；还有一些人认为如果没有把一致决定的内容写下来，其后选择范围会更多、更灵活。

出于个人的考量可以理解。因为涉及合伙人间的基本协议，原则需要高度保密、妥善保管。所有文件的终稿和讨论过程所用的草稿都得小心处置，合伙人要研究出方法保管重要、机密的商业文件，包括合伙人原则。

担心把协议写下来的人，则会被其他人认为是缺乏诚信，他的诚信好比沙丘上的城堡，随时会瓦解。如果确实坚信彼此，记录协议并不会影响你们的关系；反之，若彼此信任度很低，协议也能证明之前你们的互信实乃假象。有些人不用协议就可能配合得很好，不过这种人少之又少。请小心那种说自己只相信愿以握手达成协议的人。

拒绝协议书面化的人，主要是因为书面化后，他们那些靠不住的各种选择被排除掉了。实际上，这些人是在提醒你，他们保留对协议的否认权。

合伙人间的协议若没有书面化，风险可比有书面协议的高上许多，如：

> 未充分理解对方的意思；
> 没有彻底讨论议题；
> 哪些方面是大家达成共识的？
> 没有明确把自己同意的观点转达给他人时出现差池。

无论是准备合作的人或现有合伙人，把大家的意向、期望、协议记下来可以大大降低风险。

把合伙人原则案例进行汇总可以说是过程，也可以称为成品。我们会介绍不同合伙人制定原则的步骤，为了让读者更好明白所言何物，我在书末附录附上一份完整的合伙人原则。不过，要谨慎提醒读者：没有哪份原则是对所有人都完全适用的。它不是最佳操作典范的合集，也没有所谓最具权威的合伙人原则。原则的主题大致相同，但每份原则和每个合伙人一样都是独立而唯一的存在。经过合伙人一致同意的原则，它是个人与集体经历的结晶，是彼此个性、价值观、商业、财务状况的体现。对于自我和公司的规划，融合了各自的梦想、抱负和境遇，而大家的规划肯定是各不相同的。

恒星系统，是我给这家公司取的名字，他们的公司原则附于本书书末。真实的公司名称、人名和其他易识别的信息都被我更改了，以防止透露私人信息，不过仍保留了真实人物和事件。最重要地，以下的段落我会详细描述他们如何处理合伙人常需面临的挑战和困境，他们的解决方法别人不一定会采纳，但过程具有教育意义，对他们而言，最终结果是合理而令人满意的。

首先介绍恒星系统合伙人是如何走到一起的。恒星系统的唯一所有者杰夫·戴维斯陷入财务危机，他告诉公司的财务总监贝丝·尼尔逊自己有意向邀请她成为公司合伙人。美其名曰邀请，其实是公司缺少资金，贝丝内心很清楚这一点。为了能够脱离两名前合伙人——哥哥和姐姐，杰夫把自己、家庭、房子、公司全部作为赌注押出去。贝丝在此之前，甚至更早，在恒星如日中天时就已加入了公司。

公司需要资金周转，才有偿还能力，贝丝清楚杰夫是被逼得无路可走才选择邀请合伙人的。之前，和哥哥姐姐的合伙纠纷让他元气大伤，他真的不想再听到合伙人这三个字，但眼前实在没有其他办法可行。

90 年代初，杰夫的双亲在 10 个月里先后过世，他和哥哥姐姐三人继承了家族生意，比例均分。那之后公司开始变得赚钱，他们医疗实验设备畅销研究实验室、生物医学公司、大学医院。以前他们父母健在，负责运营时，三兄妹都在公司里帮忙，即使后来几年开始参与经营，其范围也十分有限且态度消极，三人工作上相处还算融洽。偶有摩擦，很快就会平息。母亲或者父亲了解谁行为出格后，只是嘴上说几句，就当是教育了。这让杰夫回想起大家孩提时期的打斗，只要父母任何一方能摆出严肃面孔或者大声呵斥就能立刻矫正不当行为。

杰夫看来，兄妹三人就是一场等待爆发的灾难。他知道从自己加入公司的那一刻起，就被任职总裁的哥哥视为威胁，兄弟俩同时也对姐姐在公司的装腔作势和轻率态度感到厌恶，她来公司与否全然取决于心情，谁都预测不了她的行踪。

在父母接连去世的 10 个月里，兄妹三人察觉到某种难以言喻的轻松氛围，后来的事实证明这实际上是暴风雨来临前的宁静。在父亲火葬后的一周，一切陷入混乱，兄弟俩压制已久的仇恨彻底爆发，哥哥说他从未信任过杰夫，他认为杰夫谋划着把自己踢走然后坐上总裁位置。杰夫确实是这么想的，他觉得哥哥能力有限，难以成为一名称职的领导。关于公司的发展方向和财务政策，他们的看法也相左。父母创立的公司模式和保守的财务政策，哥哥甚为满意，弟弟杰夫则不然。

冲突爆发了，在私底下或者公开谈话里，听到的都是大家相互的呵斥，鲜有耐心倾听。各种指责满天飞，甚至会在员工面前大吵。兄弟俩的权力争斗变得更肆无忌惮。大哥希望拉拢姐姐加入自己阵营，他成功了，然后没多久姐姐又跑到杰夫的一方去，不过也没有持续多久，因为杰夫忍受不了姐姐的反复无常。

谁要买断谁的股份，以什么价格买断，这个争辩持续了整整一年，杰夫变卖了所有个人和企业资产才买断了哥哥和姐姐的股份，得以终结争吵。杰夫公司需要在 10 来年内，分别支付二人 100 多万美金。

公司的收益颇丰，但杰夫还是被个人资金状况压得难以喘息。买断股份给企业增加了很多风险，杰夫的选择也加重了严峻形势，他和妻子皆不愿意缩小公司规模，他发自内心地想好好把企业经营下去。

尽管杰夫真的不愿再有合伙人，目前却只有这个办法可行。公司的会计向他保证，这次一定与以前不同，不再是三人均分的股份，杰夫有更大的控制权，再者，他可以挑选由谁当合伙人。

贝丝在很多时候的选择都反映出她的中庸之道。大学毕业拿到 CPA（注册会计师）后便加入恒星系统，作为优秀而看事通透的局内人，她总能让公司立于行业的领先地位，总能深入公司与供应商重要合作关系的最细微处。杰夫的父亲在任时就已聘任她为公司的 CFO（首席财务官）。大家都很信任她，而且贝丝是董事会中唯一的非家族成员。在三兄妹矛盾爆发期间，她恰如其分地保持中立，三人也十分信任贝丝，由她协助各家会计办理买断手续。贝丝曾经也想成为杰夫的合伙人，不过那时的杰夫压根儿不愿考虑纳新合伙人的事情。贝丝没什么资金，杰夫清楚，只不过目前他能想到的最适宜合伙的人就是贝丝了。

杰夫向会计概述一份协议，将会出让少量的公司股份，短期或长期缓解他的财务危机，公司的控制权仍控制在自己手中。他们知道贝丝清楚公司价值，所以皆认为少量股份对贝丝来说也是有吸引力的。

贝丝和杰夫约见谈话。一致同意恒星系统的企业价值约400万美元，如果给贝丝10%的股份，她需要付40万美元。这个算法清楚明白。接下来的谈话很有意思，杰夫突然意识到贝丝和自己是在谈判而不是协商。以往他们都是坐在桌子同一边和其他公司谈判，现在突然间关系转换，变成对立面。贝丝说这些少数股权无法在市场套现，要求给予30%的优惠，即希望最终价格为28万美元，并表示这是个合理要求，同时，考虑到自己为公司、杰夫付出那么多年，可否通情先支付8万美元，剩余部分在5年内付清。这是她能接受的底线。

杰夫不得不重新思考，协议无法达成（这样筹到的资金不够），不能仅有贝丝一名合伙人，但杰夫想不出公司内外还有合伙人的适宜人选。贝丝告诉杰夫自己有个朋友——莎拉，从职业角度来看，她觉得莎拉很适合，只是不知道杰夫和莎拉彼此是否满意。贝丝提到自己朋友的同时，杰夫不禁想起自己的姐姐，他立刻叫停了谈话。

一个月后，杰夫询问贝丝关于莎拉的情况。他同意三人共用午餐，以考虑聘用莎拉为理由。（是真的考虑雇佣，因为杰夫需要有人负责销售和市场管理）。

第一次会面很顺利。杰夫只记得莎拉是自己有生以来见过的最外向的人了，具有做销售的天赋。他们未直接谈到工作或者加入公司成为合伙人的相关话题，但莎拉明显很有兴趣，杰夫亦然。

杰夫又安排了一次会面，开始谈论市场销售总监的职位，莎拉详细介绍了她的经验和现在的工作，也是在一家规模更大的国有企业担任市场销售总监。她手上有全国各大学医院的联系方式，如果加入恒星公司，很快就会证明她的价值。杰夫问到为何莎拉要离开现有岗位时，莎拉回答，自己想找到一家成长中、有盈利的企业，并持有一定股份。会面结束，杰夫没有明确说是否提供公司股份，但也没有完全拒绝。他答应一周内会回复莎拉。

纳入合伙人的想法仍然使杰夫感到不安，杰夫与贝丝——会计、莎拉的证明人进行了多次对话后，再次安排了会面。莎拉优秀的工作履历和她与贝丝多年的友谊，让杰夫放下了心中的石头，不再担心莎拉会像自己的姐姐一样不靠谱。

杰夫给莎拉的年薪和莎拉当前工资一样（20万美元），加上与贝丝相同比例的公司股权，即10%，折合28万美元，预付10万，剩下18万两年之内付清。莎拉询问了自己与贝丝的协议有何不同，杰夫解释贝丝预付数额会少点、付清余款的年限会长点。莎拉提议如果自己第一年进入公司即把营业收入提高50万美元，余款可否延长到五年付清。杰夫瞬间意识到莎拉很擅长谈判。杰夫商量可否按两年算，把营业收入提高 100 万美元。两人同意都好好思考下。

杰夫突然发现自己还没和律师谈起这件事。于是约见了律师评估提案。之前杰夫和哥哥姐姐散伙，买断哥哥姐姐股份，律师全程参与，他甚为惊讶杰夫竟还愿接纳合伙人。杰夫因而又为此担心，律师跟杰夫说曾听闻我提过合伙关系，建议杰夫联系我看看。

之后，才有了我和杰夫的对话。杰夫表示自己与哥哥姐姐不愉快的合伙经历是他对合伙人心怀恐惧的根源。我介绍了合伙人原则的作用原理后，杰夫才觉得：或许这次和贝丝、莎拉的合作会跟以往不同。我建议他们在洽谈协议前，应该回到最初，再次探讨合作的一切相关事宜。经过三天的探讨，我向杰夫保证，相信他们对这次合伙是否有意义、成为合伙人后将如何开展工作，皆已心中有数。

关于这次回顾的讨论和谈判，已整理出来列在附录里。原则非常全面，通过它大家可以了解完整的合伙人原则是何种情形。请记住，没有哪份原则涵括所有，可以作为模板套用于任何情形。我书中选择这份原则的原因是它详细而完整，不是所有原则都要如此面面俱到，更关键的是要适用于制定者、体现合伙关系的独特需求。

合伙人原则

**The Partnership Charter:**
How to Start Out Right With Your New Business
Partnership

第二部分　在商言商

# 第三章　合伙人的眼界和战略方向

> 如果大家都想去旧金山，要从哪条路走，大家尽管各抒己见，然则，若只有你一人目的地是旧金山，其他人心中默想的是圣迭戈，就没有意义浪费时间在讨论上。
>
> ——史蒂夫·乔布斯

处理公司眼前事务抑或是筹划未来方向，每每提到这个话题，股份有限公司都会心弦一紧。企业发展到一定阶段，所有者需要决定公司的前进方向，中途计划有变也可改弦易辙。共同合伙人若能赞同所有者的决定，他便可放手去做、自由发挥；若否决，所有者的支配权也不过纸上空谈，企业掣肘难书、无发展可言。下文的两则合伙人故事就是很好的说明。

## 合伙人各走各路

　　一家业务兴隆的信息咨询服务公司，两名合伙人各持公司一半股份。一天，大家讨论起公司未来的发展，发现彼此观点竟互不认同，前进方向也大相径庭。合伙人斯坦认为要针对少数的全球客户提供精密的软件和服务；另外一名合伙人雷昂觉得公司该面向广泛客户提供基于网络的信息，简单却富有价值。每条路都有其相应的风险和回报，需要合伙人发挥的优势也不同。企业创办之初没有书面清晰规划未来，两名合伙人都倾向选择自己的方案。

　　两种方案都要利用公司资源和员工的关注度，但两个方案都没有获得所需的资源和重视。公司雇员十分困惑，感觉公司好像精神分裂一般。三年来，雷昂和主要雇员越来越沮丧，他们认为是斯坦和其他几名高管把公司带上歧途。强势的斯坦对此不予置评。

　　斯坦越是坚定自己选择的方向，情况就越是恶化。公司正在洽谈一个潜在大客户，员工担心如果被客户发现公司正处于一片混乱，肯定会终止谈判，彻底掐灭公司增长的希望。跟随雷昂的员工也好，认同斯坦的员工也好，各自阵营比以往更加团结、更加支持自己的领导，大家的注意力都集中在公司发展方向的斗争中。为人谦逊迟缓的雷昂，坚持要求聘请调停公司来化解僵局。

斯坦先是否决，后又勉强同意，但前提是公司会计作为调解人。随着谈判深入，困难加倍，而从公司选出的调解人员无人属于中立立场，结果必然招致失败。得知公司两名主要员工与其他公司会面准备跳槽后，斯坦仍阻止外聘调解，借着他仅有的控制权，要斗争到最后。

雷昂和律师便威胁要让公司进入破产程序，并请求法官指定人员取代斯坦的位置，控制公司。被逼上绝路的斯坦终于同意聘请专业调解团队。几天的激烈谈判后，调解人帮助两名合伙人做出决议：由斯坦买断雷昂股份。往后，斯坦可以自行决定公司发展方向，全无后顾之忧。五名公司主要员工听闻后，其中四人都不认同这个方案，他们吓唬说如果公司老板只有斯坦一人，他们就走人。

第二个调解回合，调解人开始全面的穿梭外交[1]，与重要员工会面，周末也在加班加点。为了化解僵局，合伙人同意以下三个变化：首先，建立一个真正意义上的董事会，以前董事会只有两名老板，现在加入一名员工和两名外部董事，凑齐五人；其次，两人分别减持股份到40%（合计80%），多出来的20%分给公司现有和未来加入的重要员工；第三，主要调整架构，斯坦立即辞掉公司总裁职位，引入一名新代理总裁。

---

1 为冲突方调停斡旋，或协调几个国家的立场以求沟通信息、缓和矛盾或达成共识的外交行为。——译者注

公司两位主心骨间的战争最终以签署谅解备忘录为结束标志。临时代理总裁和新董事会接手公司，大家一同确定了公司的发展规划。五年后，不早不晚，如先前所规划，一家《财富》一百强企业以调解时期市值的 16 倍收购了公司。新企业接管公司后，终止了与斯坦的雇佣合同，雷昂则收到一份短期雇佣合同。

这两名合伙人和大多数的合作伙伴一样，未曾就公司战略方向达成明确共识，好似在蒙眼开车。对公司发展缺乏共识，或者解决异议的方法没有统一，合伙人很容易受其影响，加剧矛盾恶化。合伙人要拥有共同目标，才能避免这种窘境。他们若能在愿景、使命方面达成共识，并辅以合适的战略计划，企业成功概率将大大提高。

## 眼界和方向

初创时期对任何一家企业都是至关重要的，无限潜力、未来的不确定性令大家充满希望。初创企业不是如罗夏墨迹[1]一成不变，它是动态的，呈现出来的是企业者个人的设想，人们可以详细了解新创公司，为它所蕴含的潜力而激动，甚至可以抛出具体

---

1 罗夏墨迹测验，由瑞士心理学家罗夏（Hermann Rorschach）创立。罗夏把墨水洒在白纸上，然后对折起来，使纸上的图沿一条对折线形成对称的墨迹图。这些图是无意义和无法解释的。他把这些图形呈现给被测评者，让他们根据图形自由想象，然后口头报告，是最著名的投射法人格测验。——译者注

收购股份的金额，但也能同时和其他公司洽谈。设计这部分合伙人原则的目的是：确保即将合作的准合伙人志同道合。

通过协商公司的使命、设想、战略计划，相关利益方（如投资人、雇员、银行业者）可以产生思想上的碰撞。而这里我所说合伙人的战略计划更多针对的是企业内部，仅有三个目的：活跃合伙人思想、建立理想以及原则性问题的沟通。战略计划预防了开局不利的形势，避免付出不必要的时间、精力和金钱，确保合伙人不偏离方向。建议在创业的首年内完成详尽战略计划，你们的合伙关系会因此受益匪浅。基本的战略计划常常是从简述商业使命、愿景、价值开始。

## 公司使命

使命的陈述应该含有企业性质、主业、主要服务对象和服务这些对象的原因。用简洁、清楚的一句话概括就可以。

## 愿景

愿景表达出合伙人对自身企业竞争优势的理解。愿景无须刻意营造出全新的企业形象，并非只有标新立异的公司才能成功。伯尼·马库斯和亚瑟·布兰克创办了美国家得宝公司，售卖五金器具，他们广泛采购产品，给客户带来丰富产品门类，而且提供极具竞争性的价格。西南航空是一家普通航空公司，航空领域竞争激烈，他们除了提供低价，还有"积极的热情服务"（创始人愿景之一）。

商业中领导力的关键是企业负责人是否有传播公司愿景给员工和其他人的能力。合伙人之间即使存在细微的差别，大家憧憬的未来蓝图也会有所不同，其产生的结果堪忧。所有者们要持有相同且唯一的企业愿景，合作前请务必确认大家是否一致。

## 价值观

合伙人还需构建公司的主流价值观，或者说引导企业行为的原则。帕特里克·兰西奥尼发表在《哈佛商业评论》的一篇文章"言之有物的价值观"写道：很多公司主张的价值观往往没有任何意义，不过为了顺应潮流，或者仅是为了表达正确的政治立场。（想想安然公司的主席肯尼思·雷和其他高管提出的"最好的你成就最好的公司"。）价值观不单是聚集雇员向心力所在，更是企业在市场竞争中脱颖而出的关键。兰西奥尼表示"公司价值观是创始人价值取向的体现——惠普的'惠普之道'就是很好的诠释。合伙人确定公司的价值观后，请务必在日常运营中躬行践履，员工也要照做无误，价值观是企业行为的基础。没有恪守价值观，未实现企业期望，各种怀疑论、猜测将在企业中四处散播，糟糕的境况甚至还不如没有设立价值观。还要提醒一下，合伙人为企业设定的价值观要和自己个人价值取向相符。本书第九章中会详细介绍个人价值观，帮助你明确自己的价值取向。

## 合伙人战略计划

在制定战略计划时，合伙人要把一切放到台面上讨论，特别是具备重要影响的商务要素。就合伙人来说，需要综合考虑的方面有：股东人数、人力资源、性格特征、领导风格、人际互动、专业所在、经营、抱负、目标、价值观，这些可以塑造企业的发展方向，就商务领域而言，则有：产业领域、物质资源、融资能力和企业运营的多元化。合伙人融合自己特定的业务背景构想公司愿景，进而制定战略计划。

战略计划可以宽泛，但不能脱离现实，要立足眼下，让大家朝着同样的目标前进。计划包含几个具体目标，每个目标有相应执行策略配合，且设定达成时效与衡量标准。目标涉及的内容如：公司主销市场、企业多元化的广度和深度、财务资源、领导力要求。

吉恩·约翰逊和保罗·卡林在 1995 年创办了 Mail2000 邮件系统，6 年后以 1 亿美元卖给了 UPS。如果在创立初期没有细心谋划，这件事定然无法实现。创始人之一的卡林曾任美国邮政前局长，他说："我们花三年的时间把 Mail2000 邮件系统概念具体化，在收到首轮投资时，就无须再从头回顾系统。"他们的战略计划核心"独有网络分布，布局在美国的多个数据中心，是当下唯一实现有效电邮收发的企业，实至名归"。他们的企业愿景：完善公司服务，改变传统纸质邮件配送方式，降低全国性的印刷成本。

他们战略规划的主要内容还包括清晰的管理方式和财务构成，组建符合需要的团队。约翰逊说："如果我们觉得企业需要引入新的血液，招来的新人需具备其他人没有的优势——超强执行力、资本雄厚、善于金融规划或者精湛的销售技巧和营销手段。"大家一致同意约翰逊担任首席执行官，卡林任董事长，两人各投入一定比例的资金作为创始资本，且不会从公司取一分钱出来（包括二人离开原来公司，根据竞业禁止协议赔偿给原公司的 1500 万美元）。他们在初期就已把上市公开募股作为目标，售出公司全部或部分股权。

约翰逊和卡林称，"因为战略规划，我们在大方向上从没发生过分歧"。显而易见，他们的事先规划为将来的同心协力铺平了道路。对大部分人而言，讨论公司愿景和战略规划，能挖掘出彼此不同的看法。这些不同看法越早发现越好，以免在需要快速作决策时出现失误，或者等到决策已经执行再发现，那就太晚了。

制定原则时，明确大家的战略方向是否意味着合伙人往后就一定得这么做了吗？不，合伙人要定期回顾，考虑改变规划，另谋盈利途径。合伙人前进步伐常有快慢，很多人却没有意识到这点。作战略规划可以让大家在合作前确保彼此前进方向是一致的。

在规划时，有两点最有可能出问题，须特别注意：管理的局限性和资金的匮乏。

## 管理文化

创立公司后，从企业徽标到办公地点需要合伙人拍板的决定数不胜数。企业运营最为耗费合伙人时间、精力。合伙前请一定研究透彻大家打算如何运营公司。本书第五章会从日常管理角度，深层次分析企业运营，合伙人可以通过本章了解彼此管理风格是否相同。

合伙人需讨论战略规划的执行方式，以便大家对公司的运营有清晰的轮廓。如果没有讨论，可能合伙人甲喜欢偏官僚主义、复杂的行政管理系统；合伙人乙喜欢的是扁平化结构管理。建议合伙人进一步探讨诸如此类的话题：公司管理者愿意放权还是更倾向事必躬亲的方式？公司基调是开放还是要求保密，凡事讳莫如深？合伙人是否重视员工培训和发展？晋升人员从公司内部筛选吗？客户服务是否为公司管理首重？承诺只聘用最优秀的人才？什么情况下需要从公司外部聘请经理人？公司壮大到一定程度，超出管理人员的能力时，合伙人该作如何决定？公司定的运营决策，合伙人允许员工参与吗，程度如何？以上种种问题构成企业管理文化。

圣桑娜·克里希南和亚什·沙赫拥有一家信息技术基础管理

公司——英特Q，他们告诉我，希望公司管理文化极度开放。"圣桑娜和我从没隐藏任何计划、动机，我们没啥担忧，也没觉得有何事需要隐瞒。"亚什解释说。每次和雇员开会，我们会说，"请大家无须揣摩会议内容是否有言外之意，我们秉承开放的管理文化，如果发现有遗漏的内容，可能仅因为我们忘记了，或者这部分内容无关紧要，再或者是我们没把工作做好，搞砸了。"我们鼓励大家尽管提问，任何细节我们都愿意回答。两名合伙人都认为他们的管理文化让大家更愿意为其效力。"六年前加入公司的员工，现在仍在，我们几经沉浮，但没人离开，大家还在一起。"合伙人如果在管理方式上并未达成共识，管理文化的混乱将会使员工产生沮丧心理，甚至导致优秀员工另谋高就。圣桑娜和亚什致力于构建公司特有的企业文化并切实践行，他们齐心协力经营公司，前途一片光明。

## 财务管理

如果大家对财务管理没有基本的认识就着手运营公司，必定是场灾难。在第六章，我会重点讨论合伙人如何管理公司资金。本章主要是介绍资金安排，企业资金需求、开销都是可以预料的，这里并不是指具体使用数额，侧重点在于方法。

无论管理公司开销还是外债，大部分人都认为应该合理管理资金，但合作方对资金看法与自己相异，当事人却不一定知晓。

商业本质就是以钱生钱，合伙人还是要搞清楚这其中意义。本章目的在于：帮助合伙人理解彼此观点，针对战略性财务议题，发现共同之处，确保日常财务管理顺畅。

对待企业开销，有人是挥金如土的大方型，也有人是锱铢必较的保守型。对待债务也有冒险型和避险型之分。类型全然不同的人都可能会成为合作伙伴。有两名合伙人，其中一人认为企业要在经济不景气时储备资金以备不时之需，这会促使大家更加谨慎使用资金；而钱来的太容易，花的也会随意，就容易造成失误。另外一名合伙人则认为，钱花的多，才赚的多，他把债务视为企业发展的引擎，能够刺激增长。对他来说，个人的储蓄和资产都应该是企业的提款机，若是需要找朋友或者家人借钱，他也绝对放得下面子。看法如此相悖的二人竟成为了合伙人。如果他们先前按我的建议讨论一下，合作成功概率就更大了。若没有协议，事态未搞清楚时两人合作关系可能已翻船。

起草企业财务管理的协议，大大帮助了 EMC 电力储备公司的合伙人理查德·伊根和罗杰·马里诺，协议让他们觉得二人是相向而行。伊根告诉我"有一条重要协议，我们称为'末日金库'，公司手头的现金扣除掉债务，需要至少能够负担公司所有员工 6 个月的薪资，"他继续解释说，"这样，如果发生意外情况，公司的员工，包括马里诺和我能有 6 个月时间找新工作。"合伙人都一致同意后，以此为基点进行公司财务管理。

开销讨论的开端是合伙人花钱的风格。是一切都要高端奢侈型还是传统节约型？这并不是取决于合伙人现在有多少储蓄，而是合伙人的价值取向。来自斯坦福大学的杨致远和大卫·费罗共同创办了雅虎公司，他们皆认为公司应力戒铺张浪费。雅虎公布的营业利润达几百万美元，他们仍津津乐道于自身企业的勤俭节约，雅虎合伙人、执行官薪资都低于硅谷平均水平，追求高效会议，完成讨论后便第一时间乘坐飞机离开，以节约一晚酒店费用。

另外一种开销是指企业的综合费用，直接影响到合伙人利润分配的多寡。其实这会涉及时机问题，有的合伙人认为再投资意味着更大收益。愿景和战略规划能够帮助合伙人明确方向：要短期收益还是长期增长。某些合伙人会建立机制，要求企业收入达到一定门槛后，再安排收入的一定比例用于利润分配、绩效奖金。

债务话题的讨论举足轻重。打算拿多少钱作为营运资本？假设合伙人有借贷能力，合伙人愿意为公司承担多少债务？可以接受以个人资产如房产作为抵押（必须要求）获得公司债务吗？如果企业需要筹集资金，但合伙人拿不出怎么办？如果有家实力雄厚的企业等待收购要作如何决定？企业恰逢成功机遇，但需要更多资本投入怎么办？接受向自己的好友和家人借钱吗？愿意出让公司一定股份换取天使投资或风投吗？合伙人要知道彼此财务管理风格的异同，且就企业融资渠道达成共识。

考虑到很多初创公司会刷信用卡来筹集资金，我们有必要把这部分的影响纳入讨论范围。据统计，约超过一半的小规模公司会在初始和扩张时期使用信用卡，比例远超 6% 的 SBA 美国中小企业贷款和 2% 的风险投资。信用卡的好处是容易筹集资本，不过就利息、超期还款罚金来说，费用相对高多了。

基于过去的见闻，在此提醒下大家筹款需谨慎。无论是创业阶段还是发展阶段，合伙人付出的资本或借贷来的资本与自己占股比例不匹配，务必要弄清楚原因和后续结果。30% 以上的小公司合伙人会找朋友、家人借款，请把一切细节书面记录下来：包括利息影响、企业如果经营失败该如何处置，借来的钱纯属借款还是需要资产抵押。有的债权人喜欢把这两点模糊化，觉得这样出借的钱更有保障，万一意外发生，就把抵押的资产收入囊中。保罗·卡琳提示事态变幻莫测，经常不遂人意，合伙人要了解债权人企图，确保他的期望切合实际。如果资本策略不奏效，出借方"无权介入，接管企业"。天使投资人顾问约翰·梅表示，向家人或朋友借来的钱，人们戏称为"来自亲友的忽悠资本"。出借人、借款人对于贷款、投资一定要审慎处置。

个人财务状况会直接影响到企业发展，合伙人对彼此愿意公开财力的程度要心里有数。在第十一章，我会介绍一家公司，要求合伙人彼此财力极度透明化，以防公司突发情况亟需资本输入时措手不及。

　　本章节主要的挑战是找到大家共同的愿景和方向，给予合伙人信心，智往一处谋，劲往一处使，才能无往不胜。

# 第四章　大家都想分一杯羹：所有权之争

　　狮子、豺狼、猎豹捕杀了一只羚羊，准备享用大餐，狮子吼道："我们应该把羚羊分成四份。我是森林之王，所以第一份给我；我力大无穷，第二份也该给我；我凶猛神勇，第三份也该给我；至于第四份归属，如果你们有异议且不怕成为盘中食的，也可以找我谈谈。"

——《伊索寓言》

　　1998 年春天，一位物理学家脑海中冒出了一个新主意：研发医疗器械。他意识到再好的产品也得有人推广，于是找到擅长市场营销的朋友一起合作。数周后，他们又邀请了律师和一名区域性咨询公司的执行官加入公司。四人又邀请了一位备受尊敬的研究员，他对新公司和合伙经营饶有兴致。

　　刻不容缓，各自分工，充分讨论确保方案切实可行。一切迹象都呈积极态势，大家开始认真地寻找资金和招募员工。律师这时加入公司成为合伙人之一，引导大家进行必要性探讨和草拟企业文件。起初事情都进行得很顺利，在谈论到各自所有权占比时，第一次考验降临了。

每个人都试图拿到最多的股权。物理学家说如果没有自己的主意，公司就不复存在，更没有你们的现在。市场营销总监称在想法落实上，他是中流砥柱，他不仅筹集公司所需的大部分资金，还带来了很多客户。咨询公司的执行官也表示若不是自己的经验和能力，想法只会是空中楼阁。律师则觉得自己起草文件和协议为公司省下一笔巨款，功不可没。医疗设备研究员争论说如果没有自己的知识、名誉、专业，公司会举步维艰。

好似1849年去加利福尼亚州淘金的人，五名合伙人为自己的股份争得不可开交。后来终于达成一致，并把股权占比书面记录下来。四名合伙人开始全身心投入到新事业中，物理学家继续他自己的研究，但同时也在帮公司争取业务。

一年后，大家被迫重回起点。咨询公司的总经理现已是这家企业的总经理，他和研究员声称：大家曾同意一年后回顾各自表现，并相应调整股份占比。律师和市场营销总监对此强烈反对：重调股份占比是曾被提起过，但很快大家就否决了。物理学家对此提出异议，他是总经理和研究员的朋友。大家僵持不下，合伙关系出现巨大裂缝，严重影响了彼此的积极性、生产效率。更糟糕的是，雇员也耳闻了领导层对股份权益的争议。

律师和营销总监争论说：所有股权比例在文件中都白纸黑字写着。法律角度上这完全合理合规，但若是较真，打起官司来，利益受损的就是公司了。最后大家同意唯一可行的办法，请调解公司帮忙解决。

调解员在进行一对一讨论时，才意识到合伙人间关系的错综复杂。市场营销总监和律师（分别占公司股份的 32% 和 12%）都担心总经理对他们的表现不满意，并以降低股权比例作为惩罚。总经理（占比 18%）认为他们二人表现不如承诺那般优秀，还怀疑他们做了有损公司利益的事情，确实考虑降低他们股份占比，总经理坚称自己并非要惩罚而是希望公司股份能够让出来激励主要雇员，他甚至愿意让出自己一部分的股份。物理学家（占比 26%），也愿意出让股份，但他不想选择阵营。研究员觉得某些合伙人是得把股份交出去，不过自己则不在其列，他觉得自己原本拿到的股份就只有 12%，让无可让。

几场讨论下来，事实昭然若揭，每个合伙人"以我为先"的强烈意识和股权份额相互纠缠。他们都极具竞争力，可身兼多职，大家希望公司能有好的发展，这样就不用全身心绑在公司上。合伙人全体目标是待公司壮大到一定阶段后出售，因此每个人都清楚股份比例的重要性。

在调解员的帮助下，合伙人终于解决了这场股权争议。公司发行更多股份，有效稀释了除研究员外的其他合伙人股份，多出来的作为股权激励员工。股权争议得以成功解决，他们重新定义了营销总监和律师的角色。四年后，公司出售给一家英国公司，回报颇丰。这场争议，让大家与财富险些擦身而过，也证明了如果事情已在运作当中，要改变所有权是多么困难。

## 挑战——分配股权

在初创时期，分配股权是件令人头疼的事情。没有任何文书或者指导原则可参考。法律定义了合伙人各自的权责，如果合伙人没有协商好股权比例，它不会强制要求你们该如何分配。人们需要自己作决定，对大多数人来说，这都是未知领域。

上文的五名合伙人落入了普遍的圈套中，每个人都想把自己的利益最大化。和其他类型的谈判不同，准合伙人如果打算发展长期的合作关系，应该相互扶持，而不是想方设法打败对方。合伙关系初期就因为所有权比例争得不可开交，无疑是种危险信号，给将来的失败埋下伏笔。然而，大家还是很容易被所有权的枷锁束缚，紧俏的东西谁不爱呢。但有个事实：无论发行的股份多少，10股或者1000万股，总共只有100%的股份待分。

原则的定制对合伙人分配股权有着极大益处，防止合伙人只着眼于自己股份、非理性地最大化占比。原则可以提供框架，回到当初大家共同的规划和承诺，更好地讨论股权分配，原则明白股权只是合伙协议的一小部分，大家各退一步，把精力投入其他的重要事情上。

## 股权对于合伙人意味着什么

对于不同的合伙人，股权的意义不同。可能是分配到的利润；也可能是出售公司后的收益分成；或者是能够在公司战略规划、董事会管理上有发言权；抑或是日常管理的权威。每个合伙人对于不同的工作内容各有偏好：利润分配、企业管理、员工招聘，这些反映了他们的需求点、专业所长和兴趣所在，而不仅是看股权。换句话说，人们成为企业所有人的原因和股权并没有严格密切相关；它更灵活。

大家在谈判股权时，每个人要清楚股权对自己意味着什么，对将来合伙人意味着什么。1994 年，制作人兼导演斯皮尔伯格，迪士尼电影执行制片人杰弗瑞·卡岑伯格和音乐奇才大卫·格芬，三人成立一家名为"梦工场"的工作室。每人分别投入 3300 万美元，公司股权各占比 33%。一年后，微软共同创始人保罗·艾伦花了 5 亿美元加入公司，获得 18% 的公司份额。

上面的股权比例，告诉我们的只是故事的冰山一角，大部分合伙关系中，投入金额的多寡决定股份数量，但有时候不一定是首要因素。艾伦暗示：他认为自己除金钱外，在这场交易中可以提供的资源和能得到的收获："我加入公司，不是去要求他们投资谁或者哪家企业，我是为了向他们学习。在新兴的多媒体领域，我可以作为决策咨询人，帮大家参考。"当然花 5 亿美元学经验确实是大手笔！斯皮尔伯格、卡岑伯格、格芬三位大明星能携手共创公司，产生的价值远超他们投入的资金。艾伦清楚其他合伙人贡献的创造力、专业知识，而这些都是他无法做到的。

以金钱为主要因素的公司多是资金密集型产业，比如制造公司。要尝试新想法时，常常伴随着风险，也会需要大量资本投入。合伙人理查德·埃根创办了咨询储存公司——易安信（EMC），他表示自己花一段时间发展公司、证明自己的实力和盈利能力，再引入资本合伙人，好比放下了心中石头，步伐都轻盈了许多。由于不用出售股份换取资本，他们获得谈判的有利位置，无须受制于对方。以下 4 个方面会帮助合伙人知悉哪些因素影响股权分配，理解股权的意义，更合理安全的分配：

1. 企业战略规划
2. 角色和管理企业
3. 雇佣和赔偿
4. 公平和个人股权

有的人在成为合伙人后才发现自己预想的公司和其他人心里

所想的不一样。第三章中提到的，把企业愿景、使命、战略计划，可以帮助合伙人了解大家是否勠力同心。另外，战略规划还可以让每个人知晓自己的专业能否给公司增加价值。

人们对企业的贡献价值取决于他在企业中扮演的角色。如果一人把自己定位为生产线总监，但他的准合伙人认为他没那么重要，两人考虑的股权分配数量就可能不同。对有的人来说，如果可以担任自己有意向的职位情愿少拿股权。有的人则要求股权数量要和所担责任相对应。管理角色和股权的关系很复杂，但这个变量需要在股权分配前讨论清楚。角色具体会在第五章中说明。

人们常认为自己投入多少资本就应该得到多少股份。在某些类型的企业，确实是这样。不过，大多数还是取决于各自奉献的多寡、为公司赚取多少利润、创造的价值、股东间的权益、套现公司资本的方式。利润分配、销售收入和股权收益密切相关，薪资、赔偿则往往与员工雇佣有关系（聘用则可能会牵涉到股权分配，但即使是作为薪资方式实现股权占有，应该起到的是调节工作绩效的功能，而非占有公司）。在第六章，我会介绍合伙人获得资金收益的几种方式。通过了解，准合伙人能够更加全面、实事求是地安排股权。

所有的谈判，应以公正为原则贯穿始终。在第十章，我会帮助合伙人理解为企业发展贡献的几种途径，从资金到物质资产，从出主意到具体执行的劳动力。遵循公平性原则，也能帮大家明确成为合伙人想收获的成果具体是什么。当人们能够以全局观点来看待整体，就相对不会执着于眼前的股份占比，而会采取更加公正的心态面对一切。

## 所有权和管控

管控包括日常运营、战略决策、业务处置，与所有权占比不可分割，是做出各种决定的核心。占有公司股份即是赋予了管控公司的权力，这无可厚非，公司管理中发生权力的争夺也屡见不鲜。股份占比的多少在管控权的争夺中起着关键作用，准合伙人务必要清晰认识到股份比例和公司管控之间复杂的关联性。

### 合伙人占比相同（各 50%）

很多人合伙创办公司选择双方占比各半，其实他们当中往往不明白，股份均分意味着什么，就像前面提到的迈克和杰米（详见第二章）。股份均分就表示合伙人提供给公司的资源也相等吗？双方为公司带来的收益，也是五五开吗？或者他们都觉得自己奉献的价值不相上下？他们会认为彼此工作上都一样努力付出，管理上一样担负责任吗？

均分的股权可能说明了，至少有一方准合伙人想避开严肃讨论，讨论对方贡献的多少。有些人面对差异会觉得不自在，所以就选择掩饰，坚称一切都是相等的。

均分股份也代表着主张平等主义：彼此的付出、取得的回报都要大致相同。这在双方背景、提供资源、承担义务、理想抱负等相近且大家持有同一立场时或许有效，但如果相异，就会感觉遭到不公对待。各占 50% 股份，只不过是听起来很公正的"平等主义"。

有的人均分股份是为了要在企业管理中平衡各自权力，每个人都不想让对方占上风。这种防御性的计谋，只会弄巧成拙，而且还存在一种风险：大家占比一样，当需要做出决定时，没有一方具备明确话语权以最终拍板，也没有措施打破这个僵局。若合伙人选择均分股份，即使沟通过程很痛苦，也还要在原则中明确：当合伙人发生分歧时该如何解决。

在他们内心深处，各 50% 的股份占比是创造和维护平等精神的体现。理想情况下，股东双方都充分发挥各自本领，且清楚某些情况下，彼此的付出和回报可能会有不同，但长远上看，大家相信能够达到平衡状态，若这样两人的合作定比单独个体的奋斗产生更多成果。


两名合伙人，占比有多寡之分（其中一人占比 ≥ 51%）


20 世纪 80 年代中期，我曾和心理学家讨论过我的计划：开办调解公司。这名心理学家长期为企业家做咨询。他对我的计划颇感兴趣，想深入谈一谈合作的可能。经过一年多的讨论，公司终于成立了，专门为企业提供调解服务。心理学家提议让律师介入，就请来了租他办公室的一名律师，起草合作的法律文书。

天真如我，看到文件上所有权写的 51∶49，我直接惊呆了。原来，我们从未商量过股份比例。我说："我想不到你竟然认为股份该划分成 51∶49。"他镇定自若答道，"任何公司，如果我没有控制权，是绝不会参与投资的。"那场教训可真深刻啊。

事后回想，当时不该感到惊讶，那次事件让我意识到如果对话只涉及业务范围，而不详细沟通公司所有权划分，大家都可以相安无事。我曾拒绝了充分讨论所有权的机会。除了分别投入了几千美金，我们耗费的时间更是金钱无法衡量。当然，我也幸而明白了准合伙人在合作初期该做的工作和所有权占比的重要性。

很多人坚持要占股份的大多数，有人说：少于 51% 的比例都是给自己找麻烦，所以股份出现多寡占比的情况，我们就能推测里面有一方想要拥有主控制权。合伙人不比独立创业者能完全自由控制公司，51% 或以上的比例足够形成主控制权。在美国大多数州，绝对控股的合伙人有权做如下决定：选择想担任的高管职位、招聘和解雇员工、管理财务、选取董事会人员、改变企业发展方向，这些都无须经过其他合伙人同意。他们可以雇其他合伙人来上班，付他们合理的薪资，或者干脆不付薪资也可以。

其实关键是如何设定所有权。律师亨利·克拉斯诺表示：缺少了书面协议，股份占比较少的合伙人就像是"企业年度总结的复本，没多大意义"。他进一步描述此类困境："虽说股份较少的合伙人是有权力发言的，但声音不过是呢喃细语。我们常见到小股东拒绝提议，甚至急得跺脚、怒发冲冠，但企业仍然会按大股东的意思走。"

股份占比过半的股东，能够授予董事会权力，但仅在有限范围内。美国的大部分州，不允许他们更改所有权结构、变更利润分配方式，也不允许他们强制小股东增加债务或对他们隐瞒财务状况、企业运营情况。违反这些内容，就会视为违背了受信责任 [1]。大的股东享受的权力其实虚大于实，在合作过程中，你所占有的权力多寡取决于小股东的忍耐性，一旦他们打算回击，克拉斯诺律师表示"就意味着聘用律师，提起诉讼，那么这就将会威胁到企业的生死存亡"。

很多合伙关系中，人们更乐意成为小股东，甚至成为大股东的机会摆在面前，他们也不愿意选择。股份占比不同的合伙关系，产生问题的原因很容易分析，某些掌控企业经营活动的合伙人基本不会为"少数股份"股东考虑，这些小股东怨恨不已，感觉到自己受到不公平对待，开始利用自己有限的权力阻碍大股东的利

---

1　受信理论源自英国衡平法，其产生距今约有上千年的历史。信义义务揭示处在信托法律关系中的受信人必须对委托人和受益人负有诚信、忠实、正直并为其最佳利益工作的义务。——译者注

益。比如出现了很好的企业并购机会，大股东十分想促成此事，但需要小股东的首肯，小股东则会拒绝以表达不满，希望自己能够得到对方尊重。情况一旦如此，合伙关系就变得十分紧张，合伙人尤其是大股东很可能会违背受信责任。进一步说，他们可能会开办竞业公司，利用合伙企业的财产作私人用途，或者从事有利害冲突的业务。所以，即使小股东阻碍了大股东合法经济利益，也不意味着大股东可以违背受信义务。

避免诸如此类权利的纠纷，合伙人请一定要在合伙人原则和法律文书中说明，他们希望合伙关系发挥怎样的作用，在决定大家股份比例时就要去理解"多数—少数占比"意味着什么。要讲清楚小股东哪些权利应受到保护，例如担任董事、表决权信托[1]能够一票否决大股东的决议，不同类型股票对应不同的权利义务（如有优先股，普通股之分）。第二章提到的恒星系统合伙人，杰夫的公司股权占比为80%，就倾向于调整自己的大股东权益。就所有权而言，合伙人原则清楚写明贝丝和莎拉各占公司股权10%，"若杰夫打算出售股份，她们对此有'赞成或否决权'，同时还写明了'7年内，未经贝丝和莎拉的许可，杰夫不会出售公司给任何买家'。"7年后，杰夫享有"领售权"，即他可以要求贝丝和莎

---

[1] 表决权信托是把股份的表决权转让给受托人，由受托人持有该股份并行使其表决权。在表决权信托中，受托人持有的表决权与受益人所享有的股份所有权互相分离。受托表决权具有独立性，受托人在受托期间行使表决权不受原股东的干预，信托制度给予了受托人极大的权力空间。这使表决权信托成为获取公司控制权的重要法律手段。——译者注

拉出售她们股份，但价格和条款需要和他个人出售股份一样。杰夫还给予了贝丝、莎拉跟随权即保障她们在售股（全部股权、部分股权）交易中，卖出和杰夫股权一样的好价钱。这些保护条款在原则的所有权章节都列出来了，具体见本书附录。

合伙人在制定所有权分配方式、管理方式、商业运营模式初期，有明显的回旋余地，所以如果合伙人考虑周全，合伙关系还是能够很好地发挥其功效。举例说，杰夫已是公司市场营销部门的负责人，他想把莎拉安排到董事会中，同时担任公司首席执行官来管理公司，就拟协议给莎拉 10% 公司股份，让莎拉作为执行管理人参与公司日常运作。灵活性允许人们在投入或回报上有更大调整空间，合伙人成为企业共同所有者原因有很多，大家的关注点会在这些原因上而不再只是股权占比。

### 三个或三个以上合伙人，没有明确的控制人

三个或三个以上合伙人，没人占比超过 50%，公司管理问题就全然不同了。有些股份占比相等的合伙人，会引入第三人作为决胜筹码。两名合伙人会找来信任之人，每人分出部分名义股份，这个情况或许可以缓解两名合伙人的紧张状态，但也可能会因为合伙人频繁试探、争夺第三人的忠诚而使情况更复杂。即使第三人绝对中立，但摇摆不定的他绝非调解员的合适人选。他在情况

陷入僵局时，肯定会偏袒其中一方。

　　BMC 公司曾调解过一次纷争，合伙人占比各 50%，二人斗争已有数年时间。他们最终解决办法的核心就是协议把股权重新分配为 40∶40∶20，20% 分给公司三名主要员工。这样安排，主要合伙人意见一致时便可执行，而在意见向左时，又能避免陷入僵局。

　　准合伙人了解本书第四章有关所有权的内容，并讨论公司管控的相关话题，将有助于深入谈论个人股份占比。我们鼓励大家踊跃发言，提出心中所想：你认为公平的所有权分配是怎么样的？每个人都可以在团队中分享自己的见解。当然这并非万全之策，然而通过这种方式可以了解大家的想法，如果合伙人想法不同，也能起到警示作用。

　　在决定股权比例时，很多事情都是利害攸关。人们决定自己相关利益的方式会影响着他们是否真的想成为合伙人，随着时间推移，影响着合伙关系的氛围、特性和质量。甚至在某些情况中，人们的决定关系着企业的成与败。


**股权比例的变更**

　　很多合伙人对于合作后发生的变数没有充分的计划。他们总以为合作关系会长长久久，大家持股比例也不会改变。即便将来股份需要变更，变更过程也会幸运地顺利进行，不会受到外部影响。娱乐明星迪安·马丁邀请他的编导格雷格·加里森成为自己的合伙人和公司的共同拥有者。马丁第一年先给加里森10%股份，以后每年递增10%，直到第五年占比50%。第六年，马丁又给出了10%的股份，这样他就默认成了小股东。加里森很是疑惑，马丁进而解释，"我一周就在公司待一天，而你七天都在公司"。加里森审慎地拒绝了，提议答复"50∶50也没什么不好的"。

合伙人不能指望一切都会顺风顺水，像马丁、加里森那般融洽的情况少之又少。准合伙人需要事先决定好如何处理股权的变更，哪些变更是可以接受的，哪些不能接受，哪些是该强制要求的等。触发股权变更，常常因为合伙人处事挑剔、遭遇不幸灾难、行为不端，这些也导致了谈判困难，甚至无法实现对话。我遇见过多次由于合伙人没有就问题事先达成协议，造成大家走入死胡同的尴尬境况。在大家谈到合伙原则的所有权部分时，应该协商出来在何种环境下，大家想变更合伙人、变更股权比例，协商一致后书面记录。变更股权比例描述清楚能节省一大笔费用，更能避免了很多不必要的麻烦和痛楚。

鲍勃·赫维茨阐述了一份股权比例变更的计划书，OMX 是他投资的诸多企业中的一家，与别人合伙经营。他和合伙人的看法是如果公司发展迅猛，他们早期贡献多寡的区别会逐渐变小，直至消失，尽管赫维茨仍然承担着主要资本风险。二人利用各自企业的收益支持新公司的起步，资金投入虽有不同，"在公司处于重要的临界点时，我们所认购的普通股（有投票权）是相等的，"他们在优先股上数量还是有区别，"优先股取决于原始个人资本投资的多少。"赫维茨担任数家房地产公司的联合合伙人。在其中一家，赫维茨和另外一名合伙人通过资本投入获得各 40% 股份，负责公司运营的第三名合伙人则占 20% 股份。普通合伙人收益就按公司利润 40% 分配，运营合伙人按 20% 分配。普通合伙人只要收回原始投资，股份占比就降到各 30%，运营合伙人即会增加到 40%。赫维茨解释这个制定方案的原因："我不希望运营合伙人看到原来的占比分配，有怨言说'这实在不公平'。"在公司设立初期，制定合伙股权占比就相当具有挑战性，之后再作变更无疑难上加难，相信前面介绍的 5 名医疗设备公司合伙人对此已有感触。显而易见，若合伙人决定一年后回顾股权占比，就该书面记录下来，并且把重新调整股权的标准讲清楚。经过一段时间后，合伙人在了解企业如何运作、各自实际贡献是多少，再回顾股权分配，这很合理，然而，要使之有效，关键在执行。准合伙人要充分思考自己打算如何变更所有权，同时做好计划以应对由变更所引起的问题。

我见过很多合伙人都曾犯过错误且代价不菲：指定由谁来接任自己合伙人身份继续拥有公司。作为企业负责人，不该盲目指定可以购买股份的继任合伙人，至少继任者要把关联企业的所有重要问题过一遍，再来考虑。

拉尔夫·马特森是加利福尼亚保险经纪公司的负责人，要转让自己的公司，自然而然地，他建议公司四名高管接手企业，制定公司原则。四个人共事已经十余年，且管理公司也有数年时间，马特森明白共同管理公司和共同拥有公司二者明显不同。

马特森也意识到自己虽然担任他们的老板多年，现在的他需要置身事外，让四人制定属于自己的公司原则。企业老板习惯管控公司的一切，突然要求他接受这样的事实：自己的存在会给新合伙团队的工作造成毁灭性影响。这对于他们来说真的不容易。倘若该退出企业的前老板，仍徘徊在新合伙人周围"指点江山"，新团队就无法研究出适宜的合伙关系。

通过原则，四名高管能够判断自己当合伙人是否为上佳之选，接下去大家该如何操作。对于买断自己股份的继任合伙人，马特森有最终发言权，因而原则完成后，会呈给他做最后批准。股东们在转移股权给下一代继任者或者买断股份的合伙人前，要确保他们走完该有的流程。


## 触发股权比例变更的情况

很多事件都能引发股权的变化，合伙人要未雨绸缪。一般人们脑海中首先想到的是死亡、残疾、离婚、退休，除此以外，还有其他情况也要考虑，以备不虞：

角色和责任的重大转变（比如合伙人能力有限，达不到工作岗位要求）；

合伙人辞去工作；

合伙人萌生退意（对做生意逐渐失去兴趣，或者想半退休）；

个人或家庭环境因素（如配偶工作晋升需要更换工作地、遗失了专业执照、破产、需要现金周转）；

彼此个性不相容；

商业经营方面存在不可调和的矛盾，意见相悖（如公司的发展方向、管理模式）；

不道德或违法行为（吸毒、酗酒、酒瘾）。

上面的清单，既有好的也有坏的、不光彩的情况。准合伙人要把每种触发场景都说明清楚，防止出现模棱两可的情况。比如，何种表现该认定是玩忽职守，作为免职或削减收益的正当理由？什么可以作为不道德行为的证据从而改变合伙人所有权？某些触发事件很复杂，某些人在保险公司认定其合伙人残疾后，会要求买断他的股份。可能在一段时间内，他确实处于残疾状态，但后来恢复了。问题关键是，其他合伙人愿意等多久，证明他是不是终身残疾。

当触发场景发生了，面对变化，准合伙人需要协商好相应执行路径。例如：退休、工作差强人意、违法行为，其他人可能会买断当事人的全部股权，合伙人可以制定措施，以决定不同情况下，合伙人的股权应价值多少。

为了节省大家的时间和精力，可以简单地把答案分为几组，如好的、坏的、不光彩的、自愿和非自愿的。无论如何，提前准备的时间和问题出现后再来亡羊补牢的时间相比，简直不值一提。合伙人尽管放心，清单列明的情况迟早会发生，时间早晚罢了。

大家都希望自己的合伙人能力出众、诚恳正直、言出必行，现实情况则是，人的原则随着时间推移会出现变化，原因多种多样，难以道清，难以预料。"为什么当时我们没想到，"很多人在问题发生后都会发出感叹，防止事后诸葛亮最好的办法就是周密的计划和文书存档。大风起于青蘋之末，事情发生后，你会发现一切都是有迹可循的。五名律师合伙开办律师事务所，其中一名律师有过性骚扰别人的黑历史，但其他合伙人对此不知情。后来这名律师又再次骚扰下属秘书，秘书提起诉讼，把事务所告上法庭，最后打赢了官司。事务所和它的保险公司（如果有购买性骚扰保护险）需要对判决结果负责，并承担费用。雪上加霜的是，为了赶走这名污点律师，其他四名合伙人还需支付给他买断股权的费用。倘若他们在创立之初，讨论过相关内容，可能就会定下协议：若合伙人涉及民事违法行为、刑事犯罪，将由公司自动开除，且公司不会对其有任何补偿。

关于所有权变化是合伙人讨论的重要议题之一，下面发生在南加利福尼亚的故事就是一则典型例子。合伙人从未沟通有关所有权变化的话题，他们面临的是忽视讨论带来的后续影响。菲利普·莱斯利和雷蒙德·塞萨马分别出资 1500 美元，共同创立了莱斯利泳池商业中心，在 20 年的时间内，他们发展为年销售额 5000 万美元的企业，企业发展势头强劲，但由于塞萨马因离婚需要出售 50% 的公司股份，企业发展停滞了。莱斯利对购买股份颇有兴趣，由于两人之前从未讨论过此种情况，成交价格无法达成共识，谈判陷入僵局。

境况发生变化如上文的塞萨马般不得不出售股份时，合伙人常要面临两极化的情况：卖方想要高价卖出，买方则想以最低价买入。谈判停滞，塞萨马铤而走险，在加利福尼亚法律允许下，他提交申诉书要求解散公司。法院指定了临时的第三方董事助其寻找买方。

莱斯利非常反感外人拥有公司的股份，况且公司还以自己名字命名，所以每当意向买家来访，他表示："我会告诉对方，如果你们买了公司，我就会另起炉灶成为你们的竞争对手，最后把你们给灭了。是我创办的这家企业，不能落入他人手中。"就这样，公司股份售价在如此威胁下降低不少。

公司终于出售，莱斯利也践行着他的威胁论：让泳池商业中心"倒闭"。他购入竞争对手——桑迪泳池设备供应公司 50% 的股份，40% 的老员工跟随着他加入到企业。当上公司董事长的莱斯利把桑迪从 3 家店发展到 21 家店，几乎每家店面都紧挨着泳池商业中心，他甚至开启邮购业务与之竞争。莱斯利被满脑子的复仇想法左右，他的新公司也倒闭了。

离婚和死亡是合伙关系的两大桎梏，它们会促发危机——非合伙人可以借此购买公司股份。大部分合伙人反感外人成为自己的合作伙伴，所以很多股东人数少的企业因合伙人离婚、死亡而消亡。通过事先的计划，要求企业或其他合伙人义务购买股份，避免股份转移给其配偶、继承人，可以化解危机。

## 股权估值

为应对将来的所有权变化，请提前计划规划计算股权价值的机制。位于美国东北部的一家制造企业为两个不同家族共有，他们请来 BMC 公司帮忙协调双方矛盾。几年前，律师曾为他们起草粗放的买卖协议，列明所有者可以买卖股份的机制。大家同意按协议进行买卖，但它存在一个悲剧性缺陷——没有清楚指出该如何决定股权价格。恰恰是这个疏忽造成了上百万美元的损失，那么多钱浪费在律师、会计、评估专家上，更别提家族间的敌对厌恶情绪，涉身其中真是苦不堪言。几年来，公司股东不断请来国内知名的评估公司，估值范围从 1.1 亿到 2 亿不等。无须多加思索，给出低估值的评估公司，是受雇佣于买方家族；给高估值的评估公司，则是听命于卖方家族。迥然不同的估值结果属于意料之中。

准合伙人一定要和顾问商讨出大家同意的估值方法，落实到每个股东的股份，而不是简单评估企业的整体价值。无论股东将来是否和睦相处，确保估值方法都能尽其所用，方法要完整彻底，充分考虑一切可能发生的情况。

给股权估值的方法有很多种。最简单方便的方法是：合伙人给自己的股权估值，每一年或两年调整一次。若决定采用这种办法，合伙人需保持勤勉，按约定调整估值。另外可以加上保障条款：在一定时期内，合伙人还没给出约定价值，则可以采纳独立评估。在决定股权价值上，法院给予合伙人相当大的裁量权，且允许股权赠予其他合伙人。曾有一个案例允许其他合伙人购买已故合伙人股权，最后以远低于账面价值的 4 万美元成交。法院赞同他们的协议，毕竟"哪位合伙人能有幸活到享受福利时，谁也无法预测"。

其他评估企业价值的方法主要依托多种类的计算：账面价值、认定的清算价值、评估价值、收益资本化[1]。每种计算方式都各有

---

[1] 收益资本化是指各种有收益的事物，不论它是否是一笔贷放出去的货币金额，都可以通过收益与利率的对比倒推出它相当于多大的资本金额。——译者注

其利弊。多数情况下，即使方法听来十分明确，也存在主观因素和含义广泛的常用术语导致混淆。

准合伙人确定了企业估值的方式后，如何评估合伙人个人股权价值，请大家达成共识。考虑到贬损成本，评估个人股权远比我们想象中复杂。合伙人想把股权卖给自己中意的人选，但通常难以实现，存在"缺少流动性折扣"[1]，而且，如果合伙人持有的是少数股权，那么还要考虑"少数股权折价"。两种折扣幅度可能还不小。在初期，若能经过大家一致同意，商议出公平合理的折扣数，在后期就能节省下大笔费用。

## 灵活买断股权

不用多久，甚至无须采取激进措施如清算资产或整体业务，退出合伙人的股权估值也会水涨船高，高到其他合伙人无力支付的境况。有几种方式可以避免大家被迫妥协，保障企业财务稳定。最简单、基本的就是同意延时支付（退出合伙人）费用，并承诺一定利息，即可以马上买断该合伙人股份并签订担保票据（退出合伙人不再拥有公司股份）。如果企业经济条件允许，就早点付清费用，若否，延期支付则能防止企业因无力偿还而倒闭。

---

1 该定义为在资产或权益价值基础上扣除一定数量或一定比例的价值，以体现该资产或权益缺少流动性——译者注

考虑到合伙人可能突然死亡，应对方法便是购买人寿保险。保单费用和意外发生后的赔偿补助相比不值一提。保险、税务咨询能够帮助企业决定是否该为公司、合伙人购买保险。无论哪种情况，涉及已故合伙人股权的继承人，可以采取股权现金互换的形式。

比较少的企业会选择残疾保险，但在买断残疾合伙人股权时，保险还是能够承担部分买断费用。保单收益也许无法支付全部股权估值，它却能为企业提供实质性的现金注入。

## 竞业禁止契约

很多人离开企业后，立即开展业务与前合伙人相互竞争，发生频率之高令我十分讶异。我愈发意识到，一定要采取措施，否则无法避开恶意竞争。离开某个企业，他不一定会转行重新开始，他们通常会继续从事熟悉的行业，可能独立创业，也可能邀请其他合伙人。

竞业禁止契约的目的在于防止合伙人离开企业后做出伤害原合伙人的行为。他们可能会把店面开在同一街道上、挖走原公司雇员、招揽或抢走原公司的客户。为了防止这类行为，合伙人要把限制条件讨论出来。一般来说，法院采纳的条款是保护经营中的企业，不会剥夺合伙人任何方式的谋生途径。

提醒下，竞业禁止契约针对退出合伙人的制裁可能会引起意料之外的结果：原本心存不满的合伙人会待得更久拖延离开。要找到恰当方式既保护企业利益也确保合伙人退出的灵活性。

## 增加合伙人

还没有完善现有合作关系就考虑纳入新合伙人，看似为时尚早，其实不然，现在是最佳时期。增加合伙人的讨论目的不是为了马上得出结论，而是深入了解彼此对不同问题的看法（这些问题可能引起大家的不和）。如果准合伙人无法就增加新人达成协议，这可能是危险信号。在何种情况下同意引入新合伙人，我建议大家讨论清楚。恒星系统合伙人对于新合伙人有以下的基本要求：

> 满足现有股东需要；
>
> 有专业技能、知识，为公司增加价值；
>
> 愿意为公司效力；
>
> 与合伙人价值观一致，追求卓越；
>
> 符合期望，能与现有合伙人相处融洽，产生"化学反应"。

此外，合伙人最好了解是否有人反对董事成员担任合作伙伴。

董事会成分复杂，其中可能包括家庭成员、员工。如果合伙人很想邀请家庭成员加入合作关系，或者招聘来担任重要职位，首先合伙人需要内部讨论，然后再与新成员探讨由此引发的影响。因为雇佣家庭成员牵扯的东西太多了，我会建议合伙人针对此类雇佣概括一份指导纲要，并且考虑若纲要不起作用，应对措施是什么。

有的合伙人会使用特权要求纳入新合伙人。新合伙人有机会拿到股票期权[1]，不过只有在完成一定绩效，证明自己实力后他才能成为合伙人。

我曾目睹过几次企业共同创始人为主要员工争取公司所有权，其实把员工晋升为合伙人意味着问题复杂化、争议激烈化。问题关键是对所有权认知价值的不同。现有合伙人往往对企业信誉有高估值，也认为自己的贡献比后继者多得多。员工也往往会认为自己比创始人更勤奋，更有价值。结果，股权授予方和接受方在股权价值上就出现了巨大的分歧。

不把引入新合伙人太当回事，这种错误很普遍。引入新合伙人在企业发展中绝对是里程碑事件，应当给予足够的重视，深入探讨。最行之有效的做法是重新修订合伙人原则的相关内容，或许又要耗费不少时间、精力，但却能使新合伙人和新合作关系跟上发展步伐。

---

1　股票期权指买方在交付了期权费后即取得在合约规定的到期日或到期日以前按协议价买入或卖出一定数量相关股票的权利。是对员工进行激励的众多方法之一，属于长期激励的范畴。——译者注

## 文件记录所有权相关的协议

合伙人原则概括了所有权的常见问题，激发大家对此讨论、协商方案，在未涉及专业内容时，准合伙人可以借原则就如何创办企业、如何应对所有权变更进行沟通。当然，我们无法避开专业性内容，但在专业性细节讨论、确定法律文书前，准合伙人应坚持初始协议，对于心中所想要了然于胸。太执着于专业性问题，被法律、财务细节裹足不前是无法达成协议的。

不久前，华盛顿努斯鲍姆瓦尔德律所的全部6名合伙人在法庭上控诉彼此。几年前，合伙人曾开过几次会议，决定股权分配和买卖特权（针对离开合伙人）。会议越开越不融洽、越低效，合伙人互相看不顺眼，最后还是无法达成协议。而后的5年，大家相安无事，直到最近事态恶化，直接闹上法庭。争议问题的关键是金钱和股权。

一名跟踪报道的商业记者听到证词后，十分疑惑，"整个律师团队，在所有权争论过程中，有些人竟接受由其他律师代替发声，而且律所在未就利润分配达成书面协议的情形下，竟还能运营那么多年？"答案很容易分析，因为决定权往往掌握在强势合伙人手中，但即使是久经世故的合伙人，面临问题也会枯鱼涸辙而中道而止。自我意识和所有权之间常有冲突。勉强想出解决的方法收效甚微，合伙人又固执而不愿放下身段寻求帮助。

准合伙人不要只关注股权比例，造成一叶障目，忽视其他。如果合伙人无法自己迈过难关，应该咨询调停人士，由他们专业处理合伙人矛盾，引导大家达成共识。某种意义上说，在谈判讨论各种问题（如表决权信托、股票种类、估值方法），会计或者律师心里对此要有个大概认知，只不过，专业问题可以先放一边，待合伙人在大方向达成一致再做进一步讨论。

准合伙人按原则讨论所有主题后，对双方、合作有了清晰轮廓，书面记录了协议和谅解备忘录，便可以请来商业经验丰富的律师、信任的商业顾问复审文件，他们会有独到的见解和问题。问题解决后，律师会帮助起草合作关系协议、企业文书、买卖协议。起草文件的律师，尤其是制定买卖协议的律师一定要十分精通这个领域，毕竟有关所有权转移的法律可不对意志薄弱的"菜鸟"开放。大多数律师在收到客户的原则后，会印象深刻，惊讶于合伙人面对棘手问题能考虑得如此周到、彻底。

# 第五章　角色、头衔、权力、职位

良好的管理不是通过巩固中央集权，而是善政下的合理分配。

——托马斯·杰斐逊

惹怒对方、抢夺地盘、权力斗争是合伙人技能、兴趣与企业需求不匹配导致的现象。这在合作关系中很常见。曾记得一些案例中合伙人争吵数年之久，造成工作低效，大家也因而愁眉紧锁、苦不堪言。事情不该如此发展的，凡事预则立，合伙人可以发挥主动性防患于未然。

## 企业需求和合伙人技能

区分角色后，每个合伙人要评估自己加入企业的个人需求是什么，紧接着思考自己能为企业提供的技能又是什么。有时，合伙人技能和兴趣与企业需要配合相得益彰，各自的角色定位也相对容易。我们在二人股东的合作关系中常能见到一人主外一人主内，分别负责企业运营。

有个经典的内外分工的案例发生在 1896 年。来自美国得克萨斯州的科西卡纳——著名的科林街西饼店创始人，就以内外分工开始的合作关系。烘焙师格斯·韦德曼醉心于制作水果蛋糕，他的合伙人——外向精明的汤姆·麦考维，则要确保这个石油小镇人们垂涎格斯的水果蛋糕，最好是供不应求。汤姆说服著名演员来科西卡纳大剧院表演，艺人恩里科·卡鲁索和威尔·罗杰斯演出结束离开后，车上定会满载着格斯的科林街水果蛋糕。后来麦考维又成功地把水果蛋糕卖给了林林马戏，就这样蛋糕跟随林林马戏走向世界，邮购商品的新模式诞生了。

现如今，创始人虽然离开了很久，科林街西饼店的蛋糕已风靡近 200 个国家，他们的运营方式仍是内外分工，分为生产团队和市场营销团队。

合伙人的不同性格刚好也符合企业的不同需求，这种巧合可遇不可求。不同类型的工作要求的付出是不一样的。每个合伙人有足够自由的空间，互不干扰对方领域，好比幸福的婚姻，相互独立却又彼此依赖。

能力相似的人处在一起，也能够欣然融入自己该扮演的角色，各司其职。第一章中买下电艇公司的合伙人彼此性格志趣相投，在安排职责时十分顺畅。查克·霍顿如此描述比尔·福斯特："我在近处负责带兵打仗，他在远方负责运筹帷幄。"在初期，他们就一致同意福斯特在异地参与管理会更高效。霍顿在纽约高地负责公司日常运营，行踪不定的福斯特在纽约、加利福尼亚、康涅狄格皆有房产，他通过邮件往来了解公司情况，福斯特每周会收到霍顿发来的企业周报（覆盖企业运营细节，霍顿和每个员工概况）。

霍顿表示"福斯特就像是我的监督员、故障排查员、突然情况的预警系统"，福斯特大约一年只来工厂两次，"这可以说是至关重要，我相对短视，常深陷于眼前事物，只见树木不见森林，有时会错过重要的东西，福斯特却能够俯瞰整片森林，他是位优秀的问题终结者，"霍顿进一步说，"如果他发现我情绪不对，会立即停下一切事情，出现在我面前，给予帮助。我们总是能相互理解、扶持，而不束缚彼此。"福斯特对霍顿的看法也如是，"在我看来，企业主要由霍顿来运营。管理方法很简单——霍顿在幕前安排演出，我是幕后的顾问"。严格上讲，霍顿的职位是公司总裁，福斯特是董事长。

最有效的方法就是在合伙人作战略计划时就阐明企业需求，区分各自角色，把战略层面落实到实操。尽可能详细地介绍角色、描述职位要求，这对未来数年的融洽配合至关重要。合伙人角色——他们如何安排自己时间、精力，意义深远。理论上说，创业初期，人们应该处理好所有必要的问题后再商讨彼此的角色和定位。

　　拥有合作伙伴的好处之一就是可以分摊工作量。越清晰明了地定义角色和划分职责，企业运作也就越高效，大家共事相处时也会越满意。班杰瑞冰激凌的创始人本·柯文和杰里·葛林菲尔德，就称两人对角色清晰定位是他们成功的关键。本表示，"我们在早期就安排好了，我负责市场营销，杰里负责生产制造。他在生产上有绝对话语权，而在销售方面全由我说了算。"小型股份公司中，有的合伙人会不顾公司实际需要谋求特定职位。原因很多，其中之一就是自我意识。有人当过高管后，不愿屈尊去当小领导。

## 权力均衡

　　我们在商业书籍中随处可见这样的故事：大家都不想落到企业结构的底层，所以管理者们进行了分权，均衡权力。添惠公司的裴熙亮和摩根士丹利的麦晋桁是华尔街最负盛名的两位领导者，也是权力均衡的经典诠释者。1997 年他们宣布以平等地位谋求合并，承诺但凡重要问题皆会共同商讨，并且每两年互换首席执行官头衔。当时，人们视这项协议为近代历史上最成功的一次金融服务企业之间的联姻。然而，两年期限快到时，原先担任首席执行官管理公司的裴熙亮食言了，他没有按承诺让位，麦晋桁因而辞去总裁职位。权力均衡未安排妥当所造成的灾难任谁都无法独善其身。

作为企业共同所有者，有的人会认为大家地位平等，无法接受较低的职位安排。如果他们为公司负担同样债务，也为公司政策和方向出谋划策，最不希望别人认为自己仅是配角。三名合伙人共同出资，买下一家年利润1亿的批发公司，批发公司由两家独立实体构成，分别位于新泽西和纽约。大卫和马克决定共同管理规模较大的纽约公司，杰里米则负责新泽西的公司。没多久，大家就已互相拆台，反驳彼此意见。合伙人的敌对情绪不断高涨，员工也受其影响，沮丧而士气低落。

经企业顾问的建议，合伙人同意增加头衔、完善管理水平以便解决冲突。重新安排后，由一名首席执行官领衔，两名首席运营官配合，共同管理两地的公司。为公平起见，他们决定抽签决定谁来当首席执行官，马克中奖，但他左右为难，一方面自己已全身心投入纽约公司管理中，另外一方面，他又不希望杰里米或者大卫当上他的领导。最后，大家还是接受抽签结果，各就其位工作。

一年后，矛盾爆发，他们的冲突应急方案毫无用武之地。一心想负责企业管理的人，你却给了个头衔打发走，这治标不治本。首席执行官和首席运营官之间的问题常常发生，沃伦·本尼斯曾在名为"高层的思维分裂"的文章中写道：

首席执行官是领导，首席运营官是管理者。首席执行官负责引导做正确的事情，首席运营官负责把事情做正确。首席执行官目光长远，首席运营官管好眼前。首席执行官思考做什么、为什么，首席运营官思考如何做。首席执行官有眼力（视野），首席运营官有手力（掌控）。首席执行官谋划的是革新、发展、未来，首席运营官忙于日常的管理、维护。首席执行官把握公司内外基调、方向，首席运营官安排节奏。即使首席执行官和首席运营官配合愉快，也会出现麻烦。假设两人相处得很糟糕，这些不快会四处蔓延，影响到企业的方方面面。

设立头衔而不去思考它附带的角色意义，是无法解决问题的。合伙人要详细描述不同头衔在日常工作中的意义是什么。本章末我会进一步讨论头衔的意义，现在我们先回到大卫、马克、杰里米案例中。

尝试几种解决办法后，他们请来调停员。商业调停员协助合伙人理清公司真正的需要，以及每个合伙人对应的责任应该是什么。合伙人得出结论：大家个性、价值观不同，公司目前规模难以容下他们。简单却又痛苦的领悟。随后的两年时间内，他们陆续尝试了几种不同办法：兼并其他公司扩大公司规模、在第三个地点开设分公司、出售（整个）集团、买断一名合伙人股份。基于大家无法共事的事实，再考虑到市场、公司财务状况，他们否决了扩张计划。没人愿意离开企业，但经过商讨，他们认为买断其中一人股权是最明智之举。杰米里在新泽西公司如鱼得水，所以问题主要在大卫、马克身上，他们决定二人采取封闭式报价，买断对方股权，出价低的一方会被另外两名合伙人各出 50% 买断股权。

小型股份公司中另一种不健康的、令人诟病的权力均衡安排是企业创始人把接力棒交给家族下一代。退休的创始人把企业移交给下一代，让兄弟姐妹团参与管理公司，却没有区分职权。他们诉诸这种方式并非出于企业的需要或平等主义，只是不想在孩子中筛选继承人。有趣的是，他们真正所想是要帮助这些大孩子做出决定。以专制的方法安排企业继承，却希望实现平等，真是自相矛盾。（父母一旦退出企业管理或离世，所谓的权力地位平等就瓦解了，大家开始争夺势力范围，剑拔弩张，就像恒星系统里面几兄妹发生的一样。）

公司要明确员工各自的角色才能运作高效。无论企业高层，还是中下层都是如此。假设某一管理职位所涉权责太大，需要两人负责，下层人员在执行命令过程可以再分配给多人完成。

父母通常会把股份给在企业就职或未就职的孩子，使他们成为公司合伙人。父母要对接班人有足够信心，允许他们自行决定人员任免、企业管理。告诉这些接班人构建出自己的合伙关系协议，去谈判讨论所有重要议题，他们就会明白自己的角色和责任，更好地匹配企业需求，而接班人表现也往往远比父母想象的好。

查理·约翰逊是富兰克林–邓普顿投资公司的首席执行官，已年近七十，他深知自己最后的使命对公司发展没多大意义，该做的他都已经完成了。1971 年，自查理公开接手父亲公司后，他的公司股价增值达 1900 倍，成为美国第四大互惠基金[1]，管理 3000 多亿美元的资产。查理明白他最后的任务就是要选好接班人。

查克·约翰逊是查理的大儿子，一直以来的公认继承人。和其他家族企业情况类似，在小儿子参与公司运营后，一切开始变得复杂。父亲查理在顾问和董事的建议下，决定采取传统的赛马策略，这倒是与富兰克林激烈而充满活力的企业文化相契合。参与此次"赛马"的有大儿子查克、小儿子格雷、财务总监马丁·弗拉纳根。

大家认为小儿子和财务总监争夺首席执行官好比陪跑，基本无可能，但人们看到三方竞争常出现的画面：两方携手联盟创造相对优势。两名外来竞争者变成好兄弟，形成高效的商业合作伙伴，孤立了查克。《华尔街日报》写道：赛马策略使得管理层在工作或生活上受到很大的压力，如临寒冬，抱团取暖才走得远。三方竞争，最后总会发展成二对一形式，没有例外。

日复一日的激烈争夺，兄弟俩的彼此对立，竞选三方有一

---

1　互惠基金（mutual Funds）或者称为共同基金，就是将众多投资者的余额集中在一起，等于众多投资者共同聘请一个基金公司的专业投资经理，利用其专业的知识，分散投资于各种不同的投资类别上，使这一小额投资亦能在互惠基础下享受低风险及较高的回报机会。——译者注

方斗志逐渐消沉。查克·约翰逊开始酗酒，还因为严重袭击妻子（抓起妻子猛撞向炉灶），被法院撤销证券从业资格，并判监禁两个月，缓刑两个月。查克的好朋友替他写信给法庭，说他在事件发生前"倍感孤独，精神状态不佳"。

查克的个人失态是与亲弟弟在事业上竞争造成的吗？在我看来二者颇有关系。查克紧跟他父亲步伐，是十足工作狂，几十年来以工作为生活重心。不难理解，企业管理者被他人孤立感受到的寂寞和沮丧，这些人本该是最亲近的工作伙伴啊！（所以，他以不合理的方式表达愤怒，我也不感意外）。

查理·约翰逊和董事会能否采取更明智、有效的方式安排继任者筛选？我的答案是肯定的。他们可以引导三名准继任者自行讨论如何共同协作，同时，允许三人自由组建管理团队，最后提交给查理和董事会批准。紧接着再由查理和他们协商如何实现高效的权力过渡。不幸的是，查理选择对抗的竞争方式，而这种方式的破坏性影响难以估算。

"上个月，一名儿子自我放逐而惨遭淘汰，收拾他的人生残局去了。"创始人查理终于给出了继承人方案：格雷·约翰逊和马丁·弗拉纳根从 2004 开始共同担任企业的首席执行官。《华尔街日报》的乔治·安德斯报道称创始人的声明中没有提到大儿子查克，次子格雷崛起掌权。"查克没有再出现在办公大楼，他在富兰克林对面租了间小办公室，收集有关的报纸，想搞清楚是哪里出了状况。"

如果筛选方式能更人性化，三名准继承人的现状定会有所不同，可以改变查克·约翰逊的生命轨迹。想象一下，倘若两兄弟和财务总监在身心深陷于"赛马策略"前，三人能自行讨论出方案"作为共同合伙人，分享权力，管理好富兰克林公司"，又会是怎样的画面呢？或许无法做到，但我仍想重申，他们本是有机会实现的。

决定同等职权管理公司的合伙人，也需谨慎对待。权力的分享即使没有造成任何人离开，也会衍生出意料外的消极结果：更大规模的权力斗争，影响到企业内外，涉身其中的人都大惑不解。同等权力分配或许可以产生效果，但实属罕见。若是合伙人不顾警告，执意如此，请在原则中概述：1）精确写明同等权力的意思；2）谁来评估同权安排是否起到作用，评估又是如何得来的；3）如果大家陷入僵局，同权安排无法操作，该如何处理。

## 区分、报告、协调

合伙人按企业需求区分角色后，要思考该如何协调各方职位。合伙人是否该向对方报告，如果不用，大家该如何配合，这很关键。

在一个批发公司合伙人的例子中，首席运营官大卫理应向首席执行官马克报告。然而，他们从未讨论过不同头衔在实操中意味着什么，加之大卫对马克不再有敬重之心，他更觉得完全可以忽视马克。这也是为什么首席执行官马克不断干预大卫工作的原因。一般来说，马克不该插手下属工作，且要放权给他落实责任。同时，首席运营官要认可首席执行官的权威。

结束合伙人角色的定义，要把大家职位列入企业组织结构图中，结构图阐述了职位的层次结构、报告职责、合伙人的义务。对小微创业公司来说，组织结构图有点过犹不及，但它很明确，也能确保合伙人（字面上）意见统一。

合伙人监督不同的业务范围，而没有直接向对方报告，务必要找到共同协作的方式。若能找到有效的配合途径，分而治之的管理的确能发挥其作用。有的合伙人分好角色，却完全不沟通。相信大家不是一开始就如此打算的，但我见过很多企业合伙人不和，仅靠距离来处理彼此关系。就好像靠边种的两棵树，虽然站在一起，但却是完全分开的。

一家利润丰厚的运输公司合伙人就是这么形容他们自己的。两名合伙人合理分配职责，一人负责豪车业务，另外一人负责巴士车。第一次和他们开会时，我得知了两人办公桌位置变化史：在创业初期，二人毗邻而坐，办公桌紧挨彼此，距离"六英寸（约15厘米）"；随着企业发展，办公室变成对门而坐；之后变成对堂而坐；最后升级为对楼而坐。

他们在某些方面有着显著不同。负责豪车业务的合伙人性格外向，喜欢社交，花费阔绰，丝毫不关心位置距离的远近。负责巴士业务的人则是性格内向，财务保守，对于关系的维护和所有生意上的细节过度关注。他们的差异给公司带来不少麻烦，特别是两项业务都有参与的关键员工更是头疼不已。企业发展得越大，合伙人负担责任也越大，可他们一起共事的时间却骤降至近乎零。

他们聘请调解员明面上的理由是，负责豪车业务的合伙人想让女儿加入公司，但之前没有关于如何转移股份、增加合伙人、雇用家族成员的协议。事实昭然若揭，即便没有这个问题，他们合伙关系也在瓦解边缘了。合伙人的距离感成为企业的致命伤，公司员工都要学着被动适应现状。他们迥异的性格是问题的原因之一，懒于协调彼此工作是两人巨大分歧的始作俑者，缺乏沟通是不信任的症结所在。

这类"相邻站着，却不说话的树"给我们的教训是：区分角色和权责很关键，然而，合伙人如果没有持续沟通，共享信息，那么原本希望实现的各种目标皆是枉然。无论合伙关系架构如何，请谋划出反馈信息的方法，确认对方所做的事情是否为原先一致同意的，并且保持联系。

合伙人用心分析企业需求，进行角色区分，大家在讨论过程中可以立即调整组织架构，产生的积极效果出乎大家意料。例如三名工程师在制定合伙人原则，详细讨论每个人的角色，他们发现有一人对管理企业有着浓厚兴趣，甚至当事人自己都未意识到。另外两名合伙人鼓励他去进修管理人员培训，将来更好地立足岗位，人尽其才，而不是囿于常规的客户服务工作。

在讨论过程中，合伙人需要强调所有者角色和管理者角色的不同，这很关键。如果大家有意按所有权决定管理职责，而不是通过考察对方能力是否符合公司需要，如此安排要明确阐述出来。管理人角色取决于公司所有权，而非绩效，所以评估也是徒劳无功。更糟糕的情况是合伙人出现失职，另一方甚至无法提出异议或对其投诉。

所有公司务必要详尽阐述职位、责任，以找到最佳人选。在小型股份公司，合伙人决定各自职责时，常会发现有些职位是大家都垂涎三尺的，出现粥少僧多的局面。

合伙人往往低估了这个现象，直至共事后才意识到。高层合伙人经常会觉得他们自己工作更卖力、承受压力更大或者得到的报酬和付出不成正比，他们觉得不公平。这种不公平，连职位较低的合伙人都察觉到了。曾有一名身处低位的合伙人说过，"我觉得确实不公平，不过，当初协议是这么定的，如果现在说要变，我不是傻吗？"（虽然情况如此，还是要重申下第十章说过的话：不做改变更为不智）。

两人合伙企业，合伙人谁也不愿居于人下。对他们来说，企业管理过程受另外一方支配简直是噩梦，于是通过分配同等权力或定期更换职位实现地位平等。高水平的管理，是清楚知道共同所有者不是共同管理者。远洋船、海军军舰不采用联席船长制是有其道理的。有些情况，需要船长采取果断行动。争吵、意见不一致、犹豫不决随时会导致一场灾难。正常来说，企业运营倒不至于涉及生死，但高层若优柔寡断，机会很可能就此失去。（见下文案例）

联合总裁或者联合首席执行官就好似球赛中的双打。每项工作都需要时间去适应，频繁的角色更换，同时兼任不同工作，会导致效率低下，工作混乱。合伙人采用双打方式，他们必须不存在竞争关系，且有着共同企业愿景。若否，则对方所做的一切会由此付之东流，就好似美国总统在民主党和共和党间的轮换。

## 联席船长到大副

巴里·施德利西特和理查德·纳努拉在哈佛求学时已是亲密挚友，他们一起打篮球、谈论股票、为主题公园活动奔走。他们出席对方的婚礼，两个家庭会一起度假。理查德描述他们就像是彼此的"头号忠诚粉丝"，他还提到自己妻子早产，新生的双胞胎重量不足一磅（约 0.45 公斤），"巴里搭乘第一班飞机出现在急救室门口，待到天亮。他就是这么够哥们儿。"

几年后，巴里非常需要一位合伙人帮他打理喜达屋国际酒店集团，很自然地找到在迪士尼任职首席财务官的理查德。理查德立即简短处理后续事宜后，离开了颇具声望的工作岗位，成为喜达屋的联合首席执行官。《财富》杂志有篇文章记录了他们作为联合首席执行官的短暂合作史：

　　这两名相识多年的挚友发现，他们的主要问题是所谓的互补根本算不上互补：理查德冷静、处事谨慎，巴里热情、冲动激进。意外的是，即便这样，他们还是会争夺权力、发生冲突。去年夏天，《纽约时报》发表了关于理查德的介绍，满是溢美之词，说他是喜达屋集团的大老板，并配上一张照片，照片中的理查德在集团旗下的奢华瑞吉酒店如同高高在上的国王般。喜达屋内部人员透露，巴里曾抱怨说理查德是"图坦卡蒙"[1]。图卡，图卡，听起来就像是小孩子的嫉妒心理，嬉闹着，要求别人要分享胜利果实。话说回来，巴里可不是位乐于分享者。一月份，他就把理查德从首席执行官降级为总裁。"我们就不该是平等的，只有一艘大船，船长是我，理查德是大副。"已是董事长和首席执行官的巴里说道。

　　当过船长，再让你去当大副，这个落差任谁都难以接受。理查德被降级不久后就辞掉总裁职位，也放弃了这段友谊。巴里仍

---

1　图坦卡蒙（Tutankhamun，前 1341—前 1323 年），是古埃及新王国时期第十八王朝的法老。——译者注

旧是世界上最大的酒店连锁集团首席执行官，被高层工作压得喘不过气的他反思这段经历，叹息道："为什么我要这么做，是愚蠢还是性格缺陷？可能都有吧！"

不愿意区分角色的合伙人，我们会建议他们放弃权力分享或职位轮换，因为他们不太可能找到正确的方式。取而代之，他们应该先解决人际关系问题，而非破坏企业组织架构。如果合伙人的情感需求和企业要求不一致，要及时调整。在制定合伙人原则时就该讨论这个问题，且所有合伙人务必在场。


## 绩效、反馈、问责

无论在企业担任什么角色，工作表现要在一定程度上得到其他合伙人认可，如若不然，就会出现问题。能够胜任岗位其实意味着责任制。准合伙人在原则讨论中就要阐明问责的程度深浅。等到大家全面参与工作后，该担责的合伙人可能会撇开所有责任义务。

问责制，进一步说，就是当表现没有达到标准后会出现的结果。本身问责制就不容易执行，对同是企业所有者和管理者的合伙人问责，相较于对普通员工的问责，难度又大多了。有的合伙人一想到要为自己的行动、表现承担结果，就缩手缩脚，其实可以反过来思考下：如果没有问责制，合伙人可能会流于平庸，表现欠佳，原本能够完成的事情却失败了。不仅没有赚钱，甚至让公司亏钱，导致公司破产。没人希望如此，为了避免合伙人表现良莠不齐，最好还是仔细规划一下。

建立问责制，合伙人要讨论愿意为哪些事情承担责任。最适合从员工、高管入手，进行职位描述。除此以外，利用第十一章提到的方法，让大家列出对彼此的期待，这会碰撞出有关合作伙伴的新内容。职位描述的关键包括：相关职位在组织架构图的位置、合伙人的报告对象、合伙人责任、完成工作需要的经验和技能。我建议准合伙人讨论哪些是原则性的指标，即没有这些原则性指标则不合格。最后，合伙人要讨论表现未符合预期要求的结果，可以详细规定管理上的、财务上的，甚至关系到所有权的后果。只要大家事先达成一致，他们可以采用任何条件施加影响。不一定要包含惩罚性条款，但一定要行之有效。

共同合伙人会遣散表现欠佳的合伙人吗？人们通常认为，在小型股份公司或家族企业不会遣散。一般来说，合伙人表现欠佳的企业会被市场淘汰，所以不存在这个情况。在优秀的企业中则是肯定答案。福利特公司是一家成功的企业，归属于福利特家族，主营教科书销售，他们开办的书店遍布全美各所大学。几年前，5名业主经理（既是所有者也是管理者）因犯错，导致企业损失大笔费用，5人也遭到公司的罢免。福利特公司的总裁理查德·利兹辛格在《福布斯》杂志做出评论，当普通员工看到企业所有者对自己的不合格表现都零容忍，这是一个强有力信号，员工们会说："看啊，这家公司很公正，对谁都一视同仁。"评估工作表现不是意味"业绩报告"，但我们要对评估有所重视。合伙人会定期进行反馈，但最好在年度原则回顾时，能针对彼此情况提供严格的表现评估。大多数合伙人是很需要这种反馈的，但却从未收到过。社会心理学家大卫·邓宁在研究中发现，有这么些人，尤其是表现最差的群体，往往高估了他们的能力，而没有人提出过建设性批评，浪费了帮助他们提升工作绩效的机会。大卫说："要么没人反馈，要么反馈含糊不清，这种现象太常见了，真是令人诧异。"

合伙人定期反馈的内容要真诚，并提出建设性批评。敷衍虚假的反馈会造成工作认识上的偏差，哪些工作有效果，哪些没有效果，谁做得好，谁做得不好，都混淆了。反馈一定要经过深思熟虑，要清晰明确。合伙人可以把反馈定期化，至少每两周一次。可以在日常信息分享会中进行，但切记要安排在完成管理运营问题的讨论后，千万不要略过，只因大家手头上还有很多重要事务处理。我听过合伙人抱怨说，工作太忙，事情都火烧眉毛了，没时间相互反馈。我一语道破，其实这些事情起初就是由于大家缺乏足够沟通和反馈引起的。高效运转的团队中，合伙人持续的信息分享、反馈沟通是非常必要的。

很多合伙人会说："我们觉得有需要开会，就会去开了。"临时会议没有常规会议有效率。临时会议讨论的结果不够彻底，而且合伙人不一定会全部在场，无法提供对对方的支持。瑞克·毛雷尔专门为企业内部协作提供咨询服务，谈及工作场合中同事支持的重要性。"在我们内心深处，其实住着一个9岁小孩。这个小孩子会想要知道别人怎么看自己。你喜欢我吗？我做的事情，你会喜欢吗？我做得好吗？当然，作为成人，我们不会问出这种问题。"合伙人要确保在原则中要求大家要定期讨论处理这类隐形问题。

## 授予头衔

通过抽签、权力争斗或礼貌性辩论后就任的职位，常使合伙人以为他们把各自角色分配好了，大家就能够愉快合作。前文提到的三名批发公司合伙人例子就说明头衔并不会解决实际矛盾。首席执行官、首席运营官、总裁、首席财务官、市场总监等头衔听起来很具体，事实上，每个人心中对这些职位的具体理解是不同的。最近，首席信息官、首席学习官、首席知识官等新名词不断涌现，更是让人混淆不清。

大家若是能够清楚理解各自角色，头衔不过是次要的，但还是希望合伙人谨慎分配。这其中还有陷阱，比如我在网络上看到建议：

缺现金花吗？"升级——用高大上头衔吧！"

大家对"升级头衔"相当受用，可以把接线员称为"口头通讯总负责人"，仓库员工称为"供应补给执行主席"。名声好听的头衔是对员工贡献的认可，能够提升员工责任心、认同感。

针对头衔玩文字游戏，会让雇员感觉更混乱，而且增加合伙人间的摩擦。不同头衔涵盖意义不同，请勿随意授予。发展到一定程度，过誉的头衔意味着自我膨胀，而且没有如实反映实际工作内容，很容易造成冲突。最好的方法是，清晰的职位描述，让头衔尽可能靠近实际工作情况。


## 外来管理者

虽然初创阶段并不适合聘请职业经理人，但有的共同合伙人不愿意同时担任管理者。无论从兴趣上，还是经济利益上考量，合伙人通常选择自己来管理公司。准备原则的过程中，合伙人可以商量下什么情况下需要外聘职业经理人，这是为将来更敏感的讨论做热身。

这种情况在企业进入上升阶段时常会出现。企业的飞速发展对于某些角色要求也会更高，合伙人的进步速度赶不上发展速度。外聘管理者让人心里不适，但至少，这意味着企业前进势头良好，而这是衍生出的需求。另外一种外聘经理人的原因则是共同合伙人工作低效，需要外来管理者能力的补充，这是大家都不愿意看到的情况，然而，如果合伙人选择回避眼前的事实，决定不作为，企业就离破产不远了。

很多顾问会建议紧凑型小公司越早聘请职业经理人越好。可能的原因是很多企业所有者管理公司效果都不好，也许这类所有者不愿意承认他们的管理能力不足。企业所有者挑选决定外聘经理人，要从以下几点考虑：他对管理公司的意愿是否强烈，他的能力如何，他个人的长期规划是什么。由于这些因素受其个人动机影响，甚至当事人也不一定清楚，而且他们对自己能力的认识和合伙人的看法也会存在偏差，所以要评估这几点并非易事，相当复杂。

如果合伙人一定要等到有人表现不佳再做决定，那时大家的意见肯定不一致。所以，提前做好计划应对合伙人能力不足、不愿意履行职责、表现欠佳的不幸情况。当然，这个计划也属于原则的一部分。

# 第六章　利润：独乐乐不如众乐乐，与大家共享收益

一般来说，初创公司产生不了多少利润，还属于砸钱投入阶段。现在谈这个话题似乎有点过早，即将成为合伙人的您最好讨论下这个遥远的问题：如何把利润从公司取走。虽然问题遥远，但还是有合伙人认为公司的利润迟早会再打水漂，趁晚不如趁早，让钱落入自己口袋为安。

合伙企业利润分配的问题比独立股东复杂。独立股东想何时从公司拿钱，通过什么途径拿，拿多少钱，都没关系，给国家的税记得交就好。即使他要任性拿钱去做其他投资，拿多了，企业被迫负担更多债务也可以，就是债务得独立股东自己出面作担保。这个方式通常称为综合投资。会计师事务所对这类企业的复杂账目很是反感，但话说回来，只要独立股东依法纳税，他想如何安排资金都是自由的，不用被追责。

对于共同所有者来说，情况相反，薪酬、分配、股息、福利、额外津贴是合伙人要处理的棘手任务；常会引起大家不和。合伙

人谈到年末的利润分配，忍不住感叹"真是黑色十二月啊！"其实，合伙关系中，如果大家一年只有一次在金钱方面有分歧，你真该谢天谢地了。讨论利润分配的话题让人压力倍增，它所涉情况复杂而且存在很多种可能性，没有固定规则，也没有通用的解决方式，每个合伙人对金钱见解不同，需求也不同。然而，大家必须对这件事达成一致意见，务必要以同一种方式分配，但如何分配本身就是很大的挑战。

合伙人原则的这部分内容会协助合伙人弄清楚该如何取出公司的利润。他们可以向财务顾问咨询，最终无论达成什么协议，最好再让会计师、律师审查一遍。

## 如何把钱取走

合伙人讨论如何取钱出来，重点考虑三个方面：个人、公司、财务和税，这些有助于合伙人的决定过程更顺利。

### 个人因素考量

是否要把钱拿走取决于每个合伙人的个人现状以及担任合伙人的需求。如果大家资金充裕，利润继续放在公司，则企业具备较大潜力，规模很可能会慢慢壮大。讨论合伙人的个人情况和财务状况，兹事体大，要了解清楚大家的态度，才不至于牵一发而动全身，影响到整个公司。

　　要允许合伙人结合自己的个人情况讨论以何种方式取出自己的收益份额。年轻的合伙人倾向选择再投入，投入的钱越多越好，才能把企业做大；相比较而言，退休五年以上的年长合伙人，他们的观点肯定会大不相同。

　　合伙人创办企业，如果以随意态度支取公司利润，将会以不正当方式影响公司财务决策。只要公司盈利，他们就来把钱拿走，公司银行账户就好似他们的小猪储蓄罐。合伙人的个人状况决定了他们要求的支付报酬多少，这会产生新的问题。大家意见常有分歧，合伙人索要的金额经常高于企业支付能力。

　　我采访过很多合伙人，在大家成为合伙人后，才发现存在其他私人考虑。不由自主地让人想到肯·奥尔森——美国数字设备公司（DEC）创始人。他表示配偶的想法也会影响利润的分配，很多时候合伙人觉得可以接受，但他的配偶却不认可。


**商业因素**

　　合伙人从公司取走资金的方式涉及诸多企业经济方面的考量，比如：公司的视野、价值观、战略计划、个人需求、合伙人角色等。清楚阐明这些问题，有助于更好处理金钱利益分配。

　　有人成为合伙人是因为觉得合伙人可以定期从公司拿走资金，和员工一样，不用考虑企业的需要。如果企业不再需要合伙人的技能付出，问题就大了，合伙人的能力无法满足工作要求，却不断索取，工作会无情地把他抛弃。这是真的，特别是合伙人开始依赖这里的高薪水、津贴——在其他地方无法实现的高收入时。

合伙人如果想创立一家基业长青的企业，每个人最感兴趣的是从哪里赚、投哪里、不取钱、利滚利，最好早点谈谈怎么安排基本工资。这类公司为合伙人提供一种生活方式，大家不会为了换取大笔钱而把企业出售、慢慢转移资产。反之，如果合伙人的打算是快速创立公司、卖出，则他们要的可不是固定收入或者一份稳定的工作，而是彩虹尽头那边实打实的大奖赏。

保罗·卡林和吉恩·约翰逊就是看中"彩虹尽头的大奖赏"的典型例子，他们在1995年创立Mail2000邮件系统之前，打算事成后出售公司部分或全部股权。在企业运营的6年中，即使得到了金融投资者的大笔投资，他们本可以放手支取个人薪资，但两人也只不过报销日常费用，没领一文薪水。生活开销来源主要是出售此前公司所获资金。值得一提的是，两名合伙人对于企业的战略规划完全一致。公司以1亿美元出售给UPS后，约翰逊、卡林和其他投资人拿到了属于各自的"大奖赏"。

SC联合系统公司的瑞克·麦克罗斯基和他的合伙人战略规划可就大不相同了。合伙人事先没有就企业战略计划达成一致，造成财务上的巨大损失，这很不幸，瑞克的公司成为经典的反面教材。瑞克向我解释，"当初，我费了好一番工夫让新合伙人同意公司的 3～5 年战略计划，告诉他们不是只有上市一条路能走。我承认我在此犯错了，之前就该把一切书面化，确保所有人的认识清晰明确，意见统一。"准确地说，直到公司合并期间，他才知晓新合伙人"只打算迅速上市，出售股票"，这完全和他的想法"继续壮大公司，制定长期'抽身计划'"相悖。

## 财务和纳税因素

合伙人如何取出利润，要考虑到财务、税务情况、企业的业绩表现、企业对集团或社会组织的义务。比如，正常情况下薪水、奖金可以抵扣税款，不过 LLC 有限公司的利润分配和 C 类公司的分红则不行。这样看，报酬拿得越多越是明智之举。其实采取这种策略，有很多复杂因素，薪水、奖金、（员工的）额外津贴、（股东的）分红和利润分配，这些界限都被模糊了。上涨的工资或者年末奖金会引起合伙人内部的矛盾，雇员也会有意见，给国税局报税也会有问题。企业出于税务方面的考量，支付给合伙人的报酬高于非合伙人，二者负担责任却相当，这会引起大家的公愤，留不住高级人才。这种行为也会让员工产生想法：是否整家企业作风都不公平？换而言之，若企业报酬按个人业绩表现支付，这个人有无公司股份关系就不大。晋升、奖金、工作表现评估应该独立于股东股权。

在合伙企业中，企业的财务现状极大地影响到报酬的支付。

小金库不生钱，反而把钱吃走了。我曾采访过一些合伙人，他们表示在企业拓展期没有任何报酬收入，合伙人只能简朴生活，咬牙走下去。有的合伙人习惯了固定的收益来源，就会拒绝接受继续投资拓展企业。所以，合伙人若打算发展公司，采取类似严苛的财务安排，请与其他合伙人彻底商量此事，务必保证大家想法一致（请看下文举例）。

总部坐落在塔尔萨的国际建筑公司 BSW 集团，就诠释了小型股份公司在决定取出公司资金方式上，如何综合个人需求、企业的财务状况进行考虑。鲍勃·沃克曼、鲍勃·索伯、戴夫·布罗奇在创立初期，就花上很多心思、精力、资源讨论如何取出资金。

沃克曼表示："我们仔细检查了初期那份糟糕的合伙人原则，看看财务结构上是否还欠缺什么。大家十分坦诚地交流了彼此的个人期望、投资回报、企业愿景，然后综合起来讨论。"这次，大家构建了一份"开诚布公式的原则"，要求每个合伙人受到平等对待。"我们还指出，如果大家不分享个人的财务经济状况，就难以了解合伙人对企业所做的决定是否受其个人经济状况影响。"所以，每个季度做企业预算的同时，大家会查看彼此的个人经济状况。沃克曼介绍了下他们取出资金的方式安排：

首要规则，股东利益最后考虑。客户、公司、员工、银行、山姆大叔，重要性按此降序排列。如果股东想要分红，请服务好客户达到满意标准并且及时申请。

收回未收款。紧接着，要让公司持续发展，各方面运作良好，资金流正常、有能力履行它的义务。然后，对员工知人善任，好好培养，提升能力，给予优厚待遇并且参与利润分红。对于银行，确保足够现金流履行公司应尽义务，遵守合约。最后，始终保持企业、个税与时俱进，跟上环境变化。以上所有安排妥当后，就可以考虑股东利润分配（包括分配时产生的税金），进而决定要均等分配还是大家都不取出。若大家决定取出利润，针对这些净收入，每个人清楚（各自的）下一步如何安排，次月的集体会议中再次确认。

当然，股东薪资可不是位列末位，最后考虑的仅是分红。他们在决定合伙时，一致同意薪资是按最低标准——"基本生活工资加上适当的投资回报率"。同时，薪资也不会全部取出，他们称为"补给薪水"，其实就是外快。实际上，他们还规定股东薪水不能多于公司员工的最高工资，且每位股东薪水数额都是一样。

他们认为，衡量基本生活工资的简单方式就是，采取坦率策略。"我们几个合伙人的生活环境类似，能够构建共同且合理的目标，不会伤害到公司和其他合伙人。"如果某一股东想要拿多点，其他两人觉得有点过了，那他只能希冀年末公司能有多余利润实现他的要求，如果多拿钱的目的是奢侈享受，这是绝对禁止的。

同意这个制度后，沃克曼称，大家对私人财务决定都很谨慎，很少出现失误。决不允许私人因素影响公司的利润分配。只有公司业务、财务状况、赋税方面的考量才能左右利润分配多寡。沃克曼相信他们这种把私人经济状况和公司财务综合考虑的方式"迫使我们在家庭生活、企业运营中做出审慎决定"。

三名合伙人看法相同，无论从个人角度还是企业角度上说，采取的财务策略非常适合他们。不到十年的时间内，企业利润翻了300～400倍。得益于这些利润，沃克曼能够买断另外两名股东的股份，并为重建合伙人团队奠定基础，最后新合伙人再把自己的股份买断。

## 合伙人——计功受赏

Mail2000邮件系统的卡林、约翰逊和BSW集团的三名建筑师合伙人，他们的利润以均等方式分配，这个情况比较少见。起草合伙人原则时，合伙人如何取走资金与其他人息息相关，一定要理清楚这类敏感问题。没有硬性规定该如何安排，不过，以下的三种情形相信能帮得到您：

1. 不同合伙人的贡献，存在巨大差异；
2. 合伙人贡献内容不同，但贡献体量相当；

3. 合伙人贡献基本一致。

## 贡献的巨大差异

有些合伙关系中，合伙人的贡献存在巨大不同，难以比较。这种情况下，就应该通过合伙人拿到的利润多少来进行对比。从公司取走的资本与其他人利益息息相关，分配公平的基础上，分配金额多寡、合作形式上可能会存在着大不同。

在一家餐厅，一名合伙人提供资金支持，另外一名餐厅老板作为餐厅领班和总经理；还有一家主营不动产的合伙公司，一名合伙人提供公寓办公，其他人负责管理。这些例子中，一名合伙人提供一次性的资金支持或有形资产，其他人提供长期后续管理、服务。贡献资本或房产的合伙人在企业中股份占比较大。这类合伙关系中，平等贡献会随时间慢慢转变。久而久之，负责管理的合伙人工作付出增多，贡献趋向平等，提供资产的一方的贡献则依然如故。面对这种转变，合伙人可以通过变更所有权、利润分配、奖励金额或者三管齐下来实现均衡。

所有权比例决定着利润如何分配和售卖公司后资产的安排。此外，负责管理的合伙人，可能会拿到管理费用（薪水）——不过，管理费越多，所有权占比越小，则利润分配时到手也会越少。负责管理的合伙人可以谈判要求低管理费和高占比的所有权，这样分配到的利润也多，公司资产占比也高。

关键点是，合伙人贡献差异悬殊的情况下，每个合伙人要详细讨论如何支取资金。此外，所有影响到利润的预期费用要陈述清楚，包括管理费、改良性资本支出，这两种费用会极大影响合伙人收入。

### 贡献内容不同，但贡献体量相当

罗曼斯木业的戴维斯和阿利瑞（第一章提到过他们），两人个性都很活跃，他们为合作关系贡献了不一样的东西，创造出 1+1 ＞ 2 的积极效果。戴维斯简洁地概括他们的合作为"阿利瑞管理工厂，我负责市场营销。他要想办法把东西做出来，我则是要给公司注入新东西；我提供设计，他的人安排建造。我们共同持有的是对企业坚定的信念"。没有合伙人做出主要贡献，企业运作举步维艰，即使雇佣他人也难以取代合伙人工作。

上文中合伙人提供不同的专业知识、技能，负担具体的责任。因此，评判标准也是不同的。虽然二人贡献不一样，但体量基本相当，所以利润分成也该相当，他们也确实是这么分配的。通常，合伙人有各自擅长的领域，承担同等义务，均等分红是很高效的方式。"合伙人就是一起合作的人，"保罗·卡林是如此表达的，"合伙人提供完全不同的技能，运营、市场、财务，大家平等化，很多糟糕的情况就自行消失了。"鲍勃·赫维茨说这个好处就是"剔除了嫉妒因素"。

合伙人同酬，如前文的卡林和约翰逊，个人能力和承诺责任都举足轻重。若合伙人的表现不能胜任工作，或工作要求超过他的能力范畴，同酬安排会成问题，如果失责，也会有问题产生。开始时，大家总能兴致高涨，全力以赴工作，但之后，有的合伙人便兴味索然，不再有昂然斗志。如果合伙人有失职情况，持续一段时间，请重新规定同酬制度。在合作开始就决定同酬的分配方式，请协商好如何定义合伙人的责任履行水平。

合伙人若是采取均等薪酬，就无须再苦恼不同工作、岗位该安排多少薪水。有的合伙人会认为同等薪资其实不平等，公平地说，应该参考市价定义薪资，调查市面相似职位薪水为何种水平。不过，这个策略可能会造成大家激烈竞争某一岗位。举例来说，如果总裁薪水高于副总裁25%，单凭这一理由，足以让合伙人竞相角逐总裁职位。公司沦落为这场斗争的陪葬品。

以上策略还会有问题：不同职位的市场价值难以统一。小型股份公司或私人公司报酬结构存在特殊性，具体薪资外人很难知晓，故同一职位，薪资从最高到最低区间很大。请合伙人知悉这一情况，做决定前要充分讨论。


**贡献基本一致**

专业性比较强的公司（如工程师、建筑师、会计、律师、医生），提供的技能相当，因而能够无缝衔接地合伙。他们技能相似、提供服务类型基本一致，能够用同一套标准对其考核。倘若这三点近乎相同，毫厘的区别都十分显眼，特别当它能够左右账本底线[1]时更为突出。某一律师的客户数量可能多于其他人；某位工程师的产品持续给公司带来经济效益，而另外的人带来的却是损失；某位建筑师能够让客户开阔眼界，说服其追加预算，另外一名建筑师不过唯命是从，客户说什么做什么。如果同酬制度早已定好，合伙人拿的钱一样多，但存在前面的情况，定会有人（如不断为律所注入财源的律师，成本效益意识强烈的工程师，具有开拓思维的建筑师）认为这种分配方式不公。

涉及报酬，很多专业性服务公司仍然坚持"合伙人是彼此的合伙人"，但也有很多公司放弃同酬制度，有企业也变更了原先的同步策略：同等水平合伙人（资深或资浅）薪水相等。慢慢地，那些工作特别敬业的合伙人、专长能够给企业带来丰厚利润的合伙人享有高报酬。这类公司认为，市场决定报酬多寡是最公正的。

同酬和市场决定报酬二者的显著差异难以估量。合作关系中采用不同的方式，意味着合伙人口袋的钱差别数千甚至数十万、百万。这种赚钱能力和市场操控力差距，是1989年安达信世界合伙人分歧的主要原因，会计合伙人只负责账目工作，而咨询师合伙人负责更能创收的企业咨询。在合伙人分家前，会计师的年薪

---

1　账本底线，即盈亏一览结算线：在财务报表中用此线标明净收益或净损失——译者注。

和咨询师是一样的，多达几百万美元。

支持个人奖励制度的合伙人认为这种方式能帮公司留住最优秀的人才，让合伙人清楚对方的期望，使他们勇敢面对处理合伙人表现欠佳的情况。同时，可以创造一种良好氛围：大家追求卓越，而不骄奢自满。

合伙人评估和报酬的标准取决于为公司成功贡献的价值。标准包括客观和主观两方面。客观标准如计费工时、业务创收或企业管理、利润率；主观标准如忠诚度、是否愿意用心指导他人、团队合作。奖赏制度的核心包括：合伙人绩效的评估标准，积极行为的奖励措施，审核流程。请大家预先制定好绩效评判准则，特别是主观评判的规范。

有些合伙人认为奖赏制度是唯一公平的分配方式，而其他人则觉得该方式无异于引火烧身，反而引来更多麻烦。如果合伙人打算采取该策略，以下几种问题应先理清楚。合伙人利用客观、财务标准迫使大家关注短期收益，多于长期收益，有的甚至彼此相悖。长远规划需要付出努力，难以估算，所以很容易变为短期规划。个人发展、科研活动，甚至是运营管理，合伙人可能都不太去注意，大家权衡轻重，只会关注自己的盈亏线。合伙人倾向于让公司往有利于自身发展的方向走，以提高自身价值从而产生收益。（第三章提到的斯坦和雷昂就是典型例子，雷昂希望公司顺着他的思路发展，以便在最后出售公司时实现回报。）

合伙人请考虑清楚，从企业中取出资金的方式会削弱甚至破坏企业内部的团队合作精神，而合作精神是企业成功发展的基石。这会造成合伙人不愿意交流共享信息，大家都打着各自的小算盘。就好似篮球比赛，球员关注自己的表现数据高于关心团队，合伙人也会想提高自己身价以获取更高额的奖励。采用这种方式的律所会发现其腐蚀了律师对合伙人的忠诚度，律师们小心翼翼地维护着自己的客户，生怕被别人抢走，律师只肯和自己的助手配合、分享资讯。客户和律师更加紧密合作，律师可以轻易更换公司，并带走客户。自带客户再跳槽的高薪激励方式，造成律师频繁更换公司，忠诚度严重受到打击。

虽然如此，还是有些合伙人觉得这个方式很好、很公平，很难综合评价它的利与弊。对于大型的合作公司，合伙人没有太紧密的合作黏性或许会合适些；而那些小型专业性强的公司则不宜采用。合伙人从企业取出利润分配，没有哪种方法是万金油，能让大家都受用；也没有魔法让你能够避开这个敏感却关键的问题讨论。最佳方式是合伙人一起彻底了解合伙人个人情况、企业业务、资金情况、税务方面的考量，再决定取出利润的数额多寡。

# 第七章　经营管理

本章我们将谈到企业管理的问题，共同所有人要讨论通过何种方式来监督和管理公司，董事委员会或者顾问委员会？如果决定设立委员会，请定位区分好各个角色：股东、执行者、委员会成员等，并落实好委员会的独立性、绩效考核、责任性相关问题。

在实操中，关键问题是如何创办并运用好委员会？很多小型股份有限公司虽设立委员会，却从未启用过，更别提召开委员会。那么委员会能为所有者和公司提供什么服务呢？

## 高效的董事会怎样协助合伙人

工业革命时期，大量公司不断涌现，公司不再由所有者管理，设立董事会监管企业的方式得以发展。职业经理人掌握着新上市企业或私营巨头公司的经营权。以前分散股权的所有者具有监督职责，现改由董事会负责监督执行高管。

如今，通常是从主管中选取董事会（或有限责任公司的理事会）成员，并确保他们有效管理公司，最大化所有者利益，而非占用所有者资源谋取私利。董事会代表企业所有者，根据法律，他们负有勤勉义务和忠实义务，勤勉义务要求董事处理公司事务时能像处理个人事务时那么认真和尽力，或者说董事必须如一位谨慎的人在管理自己财产时的勤勉态度去管理公司的财产。忠诚义务则为防止董事追求个人利益。反过来，若产生纠纷上法庭，根据商事审判规则进行审查时，法律会保护董事避免受二次批评，即董事做出错误商务决定，只要不违反勤勉、忠实义务，无须对错误决定担责。

董事会对所有股东（视为整体）负有受托责任，不能倾向于任何个人股东或某类股东（即在公司履职的股东和没在公司履职的股东；多数股东和少数股东）。即使采取的措施会冲击到某些股东的利益，也要保护所有股东包括少数股东的合法权利。

不同类型的公司，甚至小型股份公司，设立董事会是大有裨益的。它通过总裁、总经理约束管理层，并且对企业的绩效负责。它还可以作为执行团队资源、信息库。董事会成员对具体问题虽有不同看法，但良好的董事会能够代表合伙人发出统一口径，并传达给管理者。如果合伙人意见不一致，管理人员还是要明确自己的方向，不能因此被扰乱。实际上，董事会划清了企业所有者和执行者的界限。

董事会特定的职位定义是：把关注、精力放在董事议题上（如公司政策、市场、并购、债务结构、战略规划）。与着眼于日常运营和短期事务的高管团队不同。董事会涉及范围更广，最好的例子便是它还负责监督领导权的传承，挑选继任总裁。而在过去，董事会要做的仅是在继承文书上盖章，近几年得益于董事会和总裁关系的不断进化，情况已经改变。《哈佛商业评论》的一篇文章就此写道："领导权力的交接是否严谨、周到，更重要的是能受到大家的拥护，这完全取决于董事会。"独立、非企业所有者构成的董事会把候选人列入总裁筛选委员会和薪酬委员会，后者决定合伙人和高管的薪酬。他们所提供的客观公正，正是大家强烈需要的。

对小型股份公司而言，董事会的存在就有些尴尬了。董事会监督高层管理者，在小公司里，尤其是初创公司，企业所有者就是管理者。合伙人担任董事会成员，并监督同时是管理者的自己，听起来有些荒谬，其实，独立的管理机构对企业来说也是有益的，即使机构里面只有所有者。

所有者走进董事会会议室，开始制定董事会议程，在其位谋其政，想法便和以往不同了。不再囿于一隅，而是以新的角度看待公司，心中有了全然不同的目标。合伙人常跟我提到，加入董事会，能把他们从日常紧急事务处理（不断"灭火"）中拉出来，拓展了他们的思维。在所有者非企业管理者的情况下，董事会能够为他们提供一个很好的平台。如第四章中说到的，合伙人需要讨论，若未在企业中工作，是否愿意继续当企业所有人。答案如果是肯定的，董事会就是很好的途径，使他在企业发展方向中有一定话语权，具有深远意义。


## 谁才该是董事会成员

### 所有者

很多合伙人的看法是，每位所有者都该是董事会成员。有的人认为这是应有权利，有的人觉得事实就是如此。拥有最大权限的莫过于创办企业并投入资本的元老；当然，也没有人会比他们更卖力、更积极地去管理和发展企业。若所有者全部为董事会成员，可以避免某一股东利益被董事会忽略的情况出现。

但赋予全部所有者担任董事会成员的权利亦有弊端。如果所有权分散，每个股东占比较少，股东人数众多，让全部股东成为董事会成员就很不实际了。SHN 工程和地质咨询公司位于加利福尼亚州的尤利卡市，他们想出一个办法来化解问题：少数股份的股东，大家轮流担任一席董事职位，由他全权代表少数股东。

即使所有者只有几人，也会有人缺乏商业头脑、没什么经商天赋，而那恰恰是董事会所需要的能力。谈到董事会构成，合伙人往往不愿在所有权和管理之间营造过于紧张的氛围，这样，若所有者缺乏专业技能、对公司管理失去兴趣，或能力不足应对工作任务，主动回避过程就不会太尴尬。随着公司发展壮大，对董事会成员的需求也会随之而变（如团队沟通、战略规划、继任安排、并购计划）。职位复杂程度发展之快，常令合伙人措手不及。

总的来说，若所有者也是公司管理者，担任董事会成员是他的权利，几年后，所有者不再是管理者，情况就有所不同了。请合伙人在制定原则时，把类似安排、变更讨论清楚。

## 执行者

一般会安排执行者担任董事会一员，因为他们熟知企业内部情况。董事会做出的决定，将由他们负责执行。董事会中的执行者倒不用扮演智囊团角色，但会需要他们定期作报告，以方便董事会了解公司运作情况。合伙人要避免安排太多管理人员在董事会中，累赘且无多大用处。

很多企业会把董事会主席指派给首席执行官（总经理），董事会顾问认为这破坏了董事会的功能性和独立性。首席执行官管理企业高管，董事会主席管理董事。若把二者责任都安排给首席执行官，就混淆了管理和监督，首席执行官会觉得董事会主席是种干扰，令他反感。董事会负有监管首席执行官的义务，如果首席执行官来管理董事，那么监督责任就成鸡肋了。建议所有者认真考虑外来董事会成员担任主席。

## 顾问者

所有者很欢迎企业的顾问担任公司董事。会计师、律师了解公司运作的诸多细节，他们的经验和能力是董事会的宝贵资产。但前提是他们担任董事会成员，管理层和董事才能够借以运用他们的才智、发挥所长。

从职业操守上看，不允许公司审计担任企业董事，但律师倒是没有这方面的问题。有些情况下，律师会陷入进退维谷的境地：作为董事会的一员达成的决议与自己的法律意见相冲突。所以，邀请律师成为董事成员前，所有者们要考虑到这类冲突发生的可能性和解决办法。

## 外聘者

独立的董事会成员——非所有者或管理者，他们不效忠于任何人和团体，这提高了董事会的公信度。外聘者对于董事会决议负有责任，他们除了手头拥有的少数股权，与决议并没有明显直接的利益相关。名副其实的独立董事会成员不应是首席执行官和企业雇员的下属、朋友，否则他们难免会被迫沦为利益共同体；独立成员应该是有着强烈价值观、公正廉明，有独立的思考能力，即使在高压下也能够问心无愧地坚守原则。他们通常是其他企业的总裁、执行高管，有着丰富的阅历给企业提出独到见解；或者是商业咨询者，但已不再服务管理层，没有利益瓜葛。董事会成员基本都是企业所有者时，监督职能大大地弱化了，而纳入外来成员，给董事会的监督职能增加了可信度。

外聘者贡献的专长，可能是企业合伙人和管理者正缺乏的，比如并购、上市、重组和国际销售方面的才能。外聘人员担任董事还有一个好处是他们能够带来崭新视角、观点。避免军队术语中的"信念偏激"情况，根据《简氏防务周刊》定义其为"不费心思，绝对听从安排，这加强大家信念，但也会导致形势的误判"，无论对于军队还是对于企业这都不是一种安全状况。

最近，某上市公司的董事会迎来一次全面检查，结果发现该董事会存在失察、监督权滥用的情况。调查人员矛头指向董事会，表示董事多是奉承之辈。美国科歌德商学院的罗纳德·安德森发现独立董事对家族企业的成功起关键作用。他观察到能力出众的董事能够高瞻远瞩，管理的企业运转良好；缺乏外聘董事的企业，常常以损害小股东的代价运营公司，企业效益大不如前者。这之间的主要区分就是企业董事会的独立性。小型股份公司中很少有真正独立的董事会，但眼光长远且独立的董事会有助于创办更成功的企业，知晓这个事实也大有裨益。

20世纪90年代开始，给予外聘董事部分公司股份的做法开始盛行。大家是如此考量的：部分拥有公司，就算仅持有少量股份，也能让其更积极帮助企业，实现利益最大化。如今，人们发现颇具能力的人才无须股权激励也愿为企业效力，这对于小型股份公司的老板而言是件好事，他们多数人是不愿意引入新股东的。

合伙人在原则中应就董事会人数和构成达成一致。最佳人数一般是 5 至 9 人（奇数能够避免投票平局情况，合理状况是大家意见统一后采取行动）。大家还需讨论如何举荐、推选董事会成员。如果没有协议，相反地，董事会成员可能由某位代表大多数人利益的合伙人决定或多数股东投票通过。当然，合伙人有权选择任何喜欢的方式来选择董事会成员。

## 为董事会定好方向

请所有者在初期为董事会明确好方向，才能一开始便能沿着正确轨道发展。广义层面来讲，合伙人要相互交流彼此对企业的愿景，就如何管理发展企业分享价值观。所有者要做出决定，并清晰传达给董事自己希望他们投入多少时间，董事会会议间隔前后需要准备的事项和报酬标准。

影响重大的商业行为，如资产并购和剥离、变更利润分配、改变债务结构或流动资金，合伙人会提出指导纲要。请务必准确传达，让董事会清楚其责任和权利范围。小型股份公司的所有者最好在初期给董事会提供指导，越详细越好，而不要在前期三缄其口，后期再来垂帘听政。董事会不涉及执行事务，合伙人也请不要干涉董事会。善治善能的董事会成员多是不愿受控于股东的。

合伙人约定好对董事会的期望后，还需对其表现结果的衡量标准达成一致，这可不容易判断。首席执行官的绩效，可采取"业务数字说话"方式，然而董事会并没有参与日常事务，不能简单根据企业业绩进行评判。所有者可根据下述期望内容评估：参会情况、任职委员会/任职情况、响应能力、监督首席执行官责任落实、人脉关系。同时，也请保障董事履行本职工作需要的资源、信息、权利。董事会若有外聘者，将需要一定程度的透明化财务数据，小型股份企业对这点可能不大适应。

如果董事会全由所有者构成，那么评估董事会就是评估他们自身。我建议合伙人把所有人当成一个整体看待，同样的过程，但从另外一个角度来观察董事会整体能力表现如何。如此的练习方式，大家可能会发现董事会的分内事务却没有完成，迫使他们重新思考董事会的意义和工作内容。

伊利诺依州的一家运输公司收入近一亿美金，年利润 1100 万美元，企业共有 5 位创始人，自成立之初，他们便同时是董事会成员。经营 21 年后，其中两人处于半退休状态，另外一人完全退休。大家仍是董事会成员，但会议效果每况愈下，这种情形已持续 4 年。企业效益越好，引起的争议越多，大家关系越疏远。从初期创业到现在，每个人的贡献有多寡之分，大家开始争论自己的价值。争辩、吼叫，甚至歇斯底里充斥着会议过程，彼此没有沟通交流，也未达成过共识。官司诉讼之路相去咫尺。合伙人担心公司这棵摇钱树会毁在自己手里，于是找来了调停公司化解分歧。

经过四天的调解，完成两项关键结果：1. 就雇佣、合伙人咨询合同达成协议；2. 重构法定董事会，由三名创始人和四名外聘者组成。他们提出了具体的方案，大家共同协作寻找四名外聘者，且需每个人首肯后才能当选，如若 9 个月内，大家对新成员的看法仍无法意见一致，也有备选方案可执行。此外，拟定了董事会责任和权利指导纲要，所有人签字背书。

说起合伙人对外聘董事会成员的要求，某些方面是我们强烈反对的。我们曾听闻有合伙人希望外聘者在大家陷入僵局时采取干预行为。在董事会争斗时，有的所有者喜欢让外聘者当裁判，却鲜有"高尚"的董事愿意作为调解者出面或自荐处理问题。若要在所有者中选择派别，他们总是明智采取回避态度。董事会只要开始运行，没有哪位董事会成员会被所有者视为绝对中立。听命所有者，选择中立立场，无疑是桩亏本生意。记得有一位董事会候选者告知所有者，如果在工作中出现类似的干预，他会索要"博弈补偿"。

另外一方面，合伙人有理由认为，增加外聘者将会极大程度提高董事会的质量和讨论氛围，好比家庭晚宴中有客人参与，餐桌上对话的内容和质量也会更为丰富多样。出现类似情形的原因之一是：客人到来好比设置界限，区分晚宴对话与适合其他场合的谈话。外聘者加入董事会后，一切工作开展有效而又不失礼节，大家会有种早知道几年前就这样操作了的感觉。更有趣的是，外聘者还没到岗，这种转变效应就已开始。多少年来，合伙人在董事会上畅所欲言，自由讨论话题，甚至私人问题也拿出来说。外聘者加入前的最后两次董事会不同以往，会上没有任何不当对话内容和敌对姿态出现。仅是对新成员的等待过程，就会发挥作用，让合伙人更专注公司事务了。

## 顾问委员会

设立顾问委员会主要是提供指导、支持、新视角、良好决策给企业所有者和管理者。相对没有董事会的正式，且没有义务监督公司管理。假设公司首席执行官表现欠佳，他们也没有权利替换。考虑到顾问委员会的受托、法律责任明显少于法定董事会，还是有那么一些人乐意担任公司顾问，愿意接受较少的薪酬。再者，企业不用为顾问购买董事或高级职员保险，聘用他们费用更为经济。合伙人需要专业建议自己却无能为力，顾问委员会对他们来说大有益处，而且还能够协助建立人脉关系网。尽管委员会领取的薪资不及法定董事会，高素质的团队将会提高企业的综合水准。

## 董事会适时发挥作用

增加管理机构，对合伙人有着前文所述的诸多好处，但也请大家谨慎处理。(确实如此，甚至是影响较小的顾问委员会也得考虑周详)。董事会要清楚如何更好地融入企业整体。本质上说，执行者管理雇员，董事会监管执行者，所有者监管董事会。董事会大权在握，然而，合伙人要是认为董事会成员的行为有悖于企业利益，或者处事令人不满，则有权力替换。

保罗·卡林分别担任美国邮政局董事和 Mail 2000 董事，同时也是 Mail 2000 的共同创始人，关于董事会的定位，他是如此描述的："管理者经营企业，该由他们制定决策，而非董事会。公司需要强有力的执行领导，他们若经营得当，就不应有事后批评的情况出现。要充分放权给他们，否则如何落实责任？看得越紧，企业经济处境越有风险，董事会下放给首席执行官的权力越有限。"保罗认为董事会面临两难窘境："董事会要选择——他们是否希望这样经营公司？如果不想，就安排其他人上岗。"在他看来，这种替换不是微管理，而是董事的特权，如果他们不敢驱逐问题管理者，那董事也可以走人了。

董事不该事后质问或者微操控管理者，同理，合伙人也不该如此对待董事会（包括外聘者）。假如合伙人总是不认同外聘者的做法，那请替换掉他。

与合伙关系一样，董事会的构建、经营需要深思熟虑。请合伙人心里有准备，等待董事会的价值回报需投入时间、金钱。如果操作得当，董事会将会是合伙人的宝贵资产。

合伙人原则

**The Partnership Charter:**
How to Start Out Right With Your New Business
Partnership

# 第三部分 你是否适合担任合伙人

# 第八章　个人性格和共同协作

性格成就了他迷人的魅力，也正是他的性格，能在转瞬间，令人恐惧而退避三舍。

——《纽约时报》托德·普德姆评价前美国总统比尔·克林顿

我向阿瑟·斯考利请教合伙人相处之道的关键，他回答道，"重要的技巧就是，不要纠结于对方的个人习惯或嗜好。"阿瑟在JP摩根就职，这经验总结于他跻身企业高层的攀升之路。他说，从美国商业界学到的知识真的很实用，现在他的两名合伙人——堂兄约翰和大卫，他们曾在百事（约翰）、苹果电脑（约翰）和亨氏食品（大卫）就职，他们已在这些公司学过如何与人共事。三兄弟合伙在纽约成立了一家风险投资公司。

## 我们是否适合彼此

人们最终决定合伙前，最好再深入了解彼此，即使之前你们相识很久、认定彼此已知根知底了。研究表明，大家总自认为很了解对方，其实不然，而且有些人"更愿意相信自己的偏差理解"。答应对方前，请准合伙人消除偏见，重新审视、评估各人风格。

有些人个性就是彼此水火不容，这很正常。"真是令人匪夷所思的合并，"《华盛顿邮报》记者写道："旧式的房地产开发商和新派体育商人，阿比·波林和迈克尔·乔丹。二人年纪相差近40岁，处事方法更是相去万里，他们的合作关系就好像林肯高级车和阿斯顿·马丁跑车争夺同个停车位。2003年春合作关系瓦解，过程好似一场核爆炸。大股东（手持较多股份）阿比对乔丹说：'你已经是历史，不再红了。'小股东泰德莱·昂西斯，同时也是邀请乔丹入伙的当事人，显得十分无助。据当时在场的人称，没多久，言语立刻恶化到大声喊叫、呵斥，场面严重到周围的人以为将会爆发肢体冲突（而其实却没有爆发）。"

剧情发展有些偏离轨道，与合作初期的节奏大不一样。阿比对乔丹曾满是溢美之词，"他坦率、诚实，又有教养，真是完美，目前来说，我算十分了解他了。"或许那时他从乔丹身上看到了自己的影子。

两人泾渭分明，但却是他们的相似之处造成关系瓦解。二人同样热衷于支配统治别人、喜欢竞争，两个特征都能提升合作关系水平，给合作过程增添色彩。然而，若把有强烈支配欲、喜欢竞争的两人同时安排在合伙关系中，任何人都会起冲突，早晚的事。他们的分歧名义上说是"工作理念"和"团队发展方向"相异，其实不过是争权夺利的粉饰罢了。乔丹离开了前线工作岗位，不用再穿上那"西装革履"的向导服，然而，是他引得门庭若市，让原本无利可图的特许授权变成企业的摇钱树，这些都已经不重要了，一切付出都抵不过阿比认为乔丹难以相处的事实。最后，阿比掏出 1000 万美金买断费，以缓和乔丹情绪，但这完全无助于减轻乔丹对阿比作风的厌恶。

人们常用处事风格来描述他人或其性格特征。个人、社交、领导风格反映了人们面对生活、工作的方式：内在思考、如何做决定、如何安排时间、沟通交流、情绪处理、平衡压力、评估他人、影响他人、处理冲突。通过风格观察，可以判断什么环境、给予什么支持能够让对方发挥高效。虽说世上没有相同的两个人，但实际上，人的类别或风格区分不过 20 种左右，这类领导风格的评估系统在商业领域广泛运用，用以进行职员、高管筛选，团队开发。


**领导风格**

两种最普遍的领导风格评估系统分别是迈尔斯-布里格斯类

型指标（MBTI）和个性分析系统（DiSC测试）。应用最多的是个性分析系统，它可以提供更为全面的合伙人信息，有助于大家达成协议、工作进展高效。

个性分析系统相对简洁。仅有28个选项，每个选项下有四种不同形容词，如激励性的、有耐心的、有领悟力的、有独立性的。每个人至少选择最符合职场中自己真实情况的一个词，另外则选择最不符合自身情形的一个词。这类测试结构完整，简洁的项目却能够反馈丰富的信息。首先，通过它能够了解测试人大致类型；四种方向，每个人会有某一项、两项得分最高；不会出现四种平均的情况，我们得以测试分析不同个体。四种方向分别为：支配型（Dominance）、影响型（influence）、稳健型（Steadiness）、谨慎型（Compliance）。（缩写DiSC，i为小写是由于历史原因遗留）。推测分析准合伙人或现合伙人是哪种风格占主导，并非难事。请看以下四种风格的详细介绍：

支配型

此项得分高的人，通常具有竞争意识、坚决果断、行动迅速。他们喜欢挑战，是最先承担责任和掌握权力的人。为了实现目标不惧别人的反对意见。他们坚持自己的想法，奋力争取自己想要的东西，倘若有人阻碍反对，也不会怀恨在心。他们偏向于这类环境：自由、工作多样化、个人的成就能受到大家尊重敬仰。

合伙人若支配型得分最高，不利的一面便是，如果工作太简单平庸，他们很快就会厌烦、感到沮丧。另外，他们行事会比较直接、犀利，很快能够发现他人的错误。就他们而言，个体参与团队协作是种挑战。

影响型

这类人热情、外向、乐观积极，喜欢与人共事多过与物共事。他们富有魅力，相处起来轻松自在，广受大家的欢迎、信任。妙语连珠，他们懂得如何取悦和激励别人。在工作上，组织大家完成工作，下班回家后会热心组局。他们喜欢的环境是：表达自由，大众认同个人能力和成就。

影响型合伙人，虽说社交能力出众，但若他们个人境况不顺，便意味着要度过一段艰难时期。他们倾向于避免当面对抗、直接交锋的情景。乐观、友善的待人方式意味着他们可能会轻信他人，而不加以鉴别。

稳健型

稳健型分数高者，喜欢帮助别人、乐于倾听、与人为善、脾气较为随和。他们擅长与他人合作，维持一切稳定以完成工作。秉性平缓，造就了他们可靠、忍耐的个性，特别当工作需要多人合作时，就具有明显优势。他们忠诚、珍视团队给予认同的安全感。青睐的工作环境是：允许按他们的节奏进行，稳定而不被催促，不强迫他们改变自己的标准工作流程。

这类合伙人特别不喜欢变化，除非给出很好的理由，否则他们宁愿维持现状。他们不喜欢冲突，如果有人施加压力，他们可能会放弃，不过，他们会采取巧妙的抵抗方式，旁人难以察觉。

谨慎型

一般是训练有素的人，他们颇具耐心，能从诸多细节筛选出他人无法察觉的重要信息，认可质量管控。他们处事会做足准备工作和调研，权衡各种情况利弊，所以很少出错。这类人行动缓慢，但只要找到突破口，便会自信地往前走。喜欢的工作环境是：有条不紊的氛围、明确告知对工作表现的期许、对个人具体技能和成就的认可。

谨慎型的合伙人会因为思考工作步骤和做事情的方式陷入困境。他们不喜欢出错，对于批评相当敏感。为了避免面对冲突、争吵，还没辩解自证清白，他们就选择放弃职位。

大方向上分析不同风格后，DiSC 会综合四种方向，得出一个细分报告。报告共有 15 种，相对四种方向的广泛粗放，它更为具体和详尽。打算合伙经营的人士，获取使用这些信息其实很容易。毕竟是严肃性的商业合作，彼此有着相应的责任，人们合作前做下测试，在心理咨询师帮助下好好讨论，还是有诸多益处的。

在调解实践中，我也常用 DiSC 评估同事或合伙人。帮助合伙人分析他们自己与候选合伙人的风格（价值观）是否合适，令彼此满意的风格同时也可能是引发冲突的导火索。

哪种个性、领导方式合适彼此，哪种会爆发争吵？很不幸，心理研究专家警示我们：最初吸引彼此的品质和后来引起相互厌恶的品质，其实二者相去无几。

合伙人的"之前"与"之后"观点对比

| DiSC 分类 | 之前<br>我们眼中合伙人的<br>优点 | | 之后<br>我们眼中合伙人的<br>缺点 / 局限 |
| --- | --- | --- | --- |
| D | 勇敢 | ⟶ | 鲁莽 |
| | 高效 | ⟶ | 工作狂 |
| | 有竞争力 | ⟶ | 侵略性 |
| | 坚定果断 | ⟶ | 顽固 |
| I | 热情 | ⟶ | 容易激动 |
| | 乐观 | ⟶ | 不现实 |
| | 有说服力 | ⟶ | 喜欢操纵别人 |
| | 真实不做作 | ⟶ | 无组织性 |
| S | 坚定 | ⟶ | 不愿改变 |
| | 有条理 | ⟶ | 行事拖延 |
| | 和蔼可亲 | ⟶ | 优柔寡断 |
| | 良好倾听者 | ⟶ | 不善于交流 |
| C | 善于分析 | ⟶ | 吹毛求疵 |
| | 严肃 | ⟶ | 不爱交际 |
| | 条理性好 | ⟶ | 完美主义 |
| | 勤奋刻苦 | ⟶ | 工作狂 |

黛安·费尔利教授称"就像飞蛾扑火，合伙人眼里只会关注于对方突出的特点，这些特点到最后往往令他们所厌恶"。很遗憾有这样的趋势，合伙关系中，总有合伙人想取悦其他人，但其实如此做风险很大。

人们进入合伙关系，常有温情效应发生，只会看到准合伙人领导风格的优点，然后，随时间推移，温暖的光圈会变成刺眼的眩光，让人不适。最初认为是合伙人的优点，后来则成为缺点。上表告诉了我们原因。"勇敢"变成了"鲁莽"——两者都属于支配型。"和蔼可亲"变成了"优柔寡断"，两种特性皆属稳健型。之前称赞的品质演化成一记耳光，讽刺地打脸过去的看法，其实这都是可预知的。为什么会发生这些？下面分享我们的看法。

相似吸引。相似度是彼此吸引的原因之一。如观点相似，个性相似，想法、交流、工作方式相似，甚至是出生地相似。与自己相像的人处起来总归是舒服的。相反吸引。截然不同也会产生吸引力，不过，没有相似之处发生得那么频繁。由于彼此不同产生的吸引力，需要特别关注。彼此的相异可以改变对方对世界的看法，让思维更开阔，但同时也会引起担心，对方变化太大，所做决定也大不相同。除非清楚地知道合伙人具体的不同之处，否则与他们难以相处。费尔利教授注意到风格相异的合伙人更易分手闹掰，"与自己相异引起的新鲜感，随时间推移逐渐消失。实际上，合伙关系伊始，吸引彼此的不同之处不过是幻象，风格迥异就意味着意见会有分歧，加速最初的幻象毁灭，让你更清醒。"

## 鲜明性格

除了相似吸引和相异吸引以外，鲜明性格特征也能引起其他人的注目。假使准合伙人有着十分鲜明的性格，即使是优点，也请谨慎考虑。法国作家大仲马在作品《基督山伯爵》中，尖锐指出："一切过于极致的优点，都将会变成缺点。"就拿合伙人来说，如果极度自信，那么大家会认为他妄自尊大，而适度表现自信的人则不会被人如此看待。所以，合伙人的性格过于鲜明极端无疑会给合作关系的失败埋下伏笔。

总而言之，通过合伙人领导风格的分析，可以协助判断准合伙人是否匹配。第一种，合伙人风格相似意味着较融洽的合作过程，他们更能相互理解、更具同理心；不过，相似风格表示大家无法互补、缺乏多元化，导致缺少创造张力。我见过很多风格迥异的团队，合伙人各有强项，企业涉及的领域也更为广泛，这便是第二种不同领导风格的优势；相异风格能减少合伙人相互竞争，允许大家以自身喜欢的方式张扬自我价值；团队中融合不同风格，彼此仍然可以和睦相处，只不过，差异越大，意味着挑战越大。

谈到相似与相异的对比，特定风格十分关键。比如，两个稳健型的合伙人相处比支配型会融洽得多。稳健型合伙人在做决定时可能犹豫不决，但不影响他们和谐相处。尽管乔丹和阿比发生了诸多不快，其他颇有成就的企业家也难免要经历风雨，支配型合伙人还是能找到合适的相处方式，只不过在配合期间或需要做出共同决定时，合伙人要付出相应努力以实现融洽。支配型合伙人在合作关系中，会诉求地位相对平等。有个玩笑，问支配型人格是否能成为团队合作者，他毫不犹豫地回答："可以，我来当队长领导大家。"偏好竞争是支配型人格的优势，也是企业的一种资产，然而在合作关系中可能是毒药。

对于合作伙伴领导风格的判断，没有一致地定义哪些该做或不该做，只是建议大家放慢步伐，好好回顾一下。女性企业家格雷琴是一家大型汽车代理商的老板，同时担任管理者，她从父亲手中继承了这家企业。经历五年多的艰苦奋斗，且在斯基普（男）的帮助下终于重新实现盈利。斯基普天赋异禀，是典型的开创型领导者。斯基普要求一定比例的企业所有权，以协助格雷琴扩大销售规模，格雷琴表示接受。她寻求我们的帮助，参与合伙关系讨论。我们提议让大家各自分析领导风格，斯基普拒绝配合，即使我介绍了流程、阐明此举目的，他仍坚持己见。格雷琴迅速而灵敏地意识到对方不愿配合，是合作伊始的不良预兆。

优秀的合伙人不惧审视自己的风格，也愿意对其他准合伙人开诚布公。心理分析学家和咨询师曼弗雷德·凯茨·德弗里斯曾对优秀、健康的领导者有着相关描述，健全的合伙人所拥有的品质定是与他对自身的描述相差无几。这类人善于自我观察、反思，具有自我责任意识，更重要的是，当事情出错时，他们不会一味指责别人，在合作关系中撇清责任常是造成关系破裂的炸弹；他们很少失控，不会冲动行事；面对失落，有收有放，处理得当。重中之重，他们有能力建立、维护合伙关系，这是合作的关键。无论他们现在是否已具备这项能力，在审视领导风格过程中都会显现出来。

每位打算进入合作关系的伙伴都该扪心自问：了解合伙人的风格后，自己是否能够与对方配合融洽？相信这个问题会引起准合伙人思考，进行有意义的讨论。理想化、信息失灵，预示着恶化，合作前的美好幻想转变到合作后的大彻大悟，花点时间讨论彼此风格绝对是笔有效投资。结交朋友、建立长期人脉，也是同理。


## 进一步认识自己和对方

合伙人原则中建议审视大家的领导风格，有三个主要原因：更深刻认识自己、更深入了解合伙人、明白彼此如何能更有效合作。

知人者智，自知者明，无论何时，这句话总是很受用的。特别是准备合作的人，了解双方的风格，对于彼此合作将大有益处，这也是尽职调查。风格分析测试帮助人们认清自己的强项，因势利导，同时也能够客观分析他们的缺点，让测试人了解到：工作伙伴和自己共事的感觉是什么。此外，测试还能够消除"盲点"，它是导致别人难以与你配合的始作俑者。经济学家约翰·肯尼斯·加尔布雷思曾经向约翰·肯尼迪抱怨，他不明白为什么《纽约时报》总说自己很狂傲。肯尼迪回答他：为什么不是呢？大家对你的看法向来都很一致。对自己有清晰认知的合伙人更能明确自己能为大家带来什么，也能感受到其他合伙人的付出，并创建良好互动。

记得一次针对8名执行高管的领导风格分析，其中7人对测试结果的准确度极为惊讶。第8名高管对其他合伙人说，"这差太远了，根本不是我。"其他人问起分析的详细内容，他如实念出报告内容，大家异口同声反驳，"这明明就是你。"报告描述的内容并无轻蔑言语，只不过，当事人并不认为自己是那样的人。慢慢地，他接受了事实，采纳分析结果，有则改之，无则加勉，周围共事的人也因而轻松了许多。

如前文所述，DiSC测试分为四个大类型，根据大类型再具体为15种细分报告。我们建议准合伙人回顾这些报告，并每次一人轮流与大家分享报告的内容。书末附录涵盖了恒星系统三名合伙人的领导风格简述，可供参考。

获取各自领导风格的海量信息后，准合伙人便可开始研究具体主题作为讨论基础。以恒星系统合伙人概括的主题和答复作为例子：

你认为获得成就感，需要哪些条件？——杰夫

· 我需要有人支持我，并且贯彻我的想法，坚持到底

· 允许自由发挥创意性思维

· 自主权

· 身边围绕一群优秀、具有竞争优势的同僚

· 若有很棒的主意，希望得到大家认同


工作场所中，最担心的是什么？——莎拉

· 被看作西方的邪恶女巫

· 有诸多限制，官僚化的管理，我会被逼疯的

· 太"随和"，受别人控制

· 不公正的批评

· 在团队中，被当成外人


在工作上的局限性——贝丝

· 场景需要时，却不够"圆融"，或者说缺乏交际手腕

· 视野不够广，只见树木不见森林，太过关注底线

· 因循守旧，太固执、处事不灵活

· 自己的不当言行造成别人不快，却无法每次都能察觉到

· 如果做某一项目时间太长，中途没有休息，我不再会有
  激情

## 制订协议，因人而异，找到合适的相处方式

进一步了解自己和他人的风格后，准合伙人可以开始讨论、制定个性化协议，以构建高效团队。每两人一组讨论，这样每组能完成一系列协议。人们对别人的要求，侧面反映出他的个人风格，通常都能够推测出来。比如说，完美主义者，像贝丝这种，就不喜欢别人最后关头才告知她某件事情，非常反感此类"惊喜"。完美主义者讨厌猝不及防的情况，被迫仓促回到原点了解形势，对他们来说很难受。按照这个原则，为配合好贝丝，杰夫同意："我会尽可能让你知道我的预先计划，清晰阐明我对每个项目的预期。"如果是开创型风格，比如杰夫，需要高度自主权才能感觉成功。所以莎拉同意道："我会处理好自己领域的事情，你就不用为这些事情操心。"贝丝也点头表示："当你说了解的信息已经够了，我会主动回避，不再多嘴。"重视制定此类的行为协议，能够促进合伙人间的交流，而一般性的沟通培训无法实现这种效果。

这些量体裁衣的合伙协议，大部分是高度个人化的。DiSC 测试引起合伙人思考，更容易发现哪些地方会遇到困难，明确应当采取什么不同方式应对问题。通过下页表，我们清楚看到协议的独特性和具体性。

冲突未发生前，大家能实现如此高度的相互理解，并达成协议，这真的是令人印象深刻。其中两名合伙人彼此认识才数月不到，能有如此效果，更是让人惊叹。风格分析提供了词汇，测试

为了实现更融洽、更智慧、更高效地与合伙人共事

---

| | |
|---|---|
| 杰夫向<br>贝丝表示 | 1. 我承诺待你如真正合伙人（而不是简单的主要员工）。<br>2. 我会尽可能让你知道我的预先计划，清晰阐明我对每个项目的预期。<br>3. 如果我觉得你在某件事情花太多时间，我会提醒你 |
| 杰夫向<br>莎拉表示 | 1. 如果你觉得我过于严格，对于你，我会尽量不去吹毛求疵。<br>2. 我不会与别人谈论你，好像你是刚入职的新人。<br>3. 若你过于疲惫，有时会变得支配欲很强、待人严苛，我表示理解，工作中如果发现你有这个倾向，会提醒你注意。<br>4. 关于你在公司中的管控范围，我同意就此讨论并达成一致协议。 |
| 贝丝向<br>杰夫表示 | 1. 我会定期更新概括一切重要的事宜，及时告诉你。<br>2. 如果你觉得要了解的信息已经足够，我会主动回避不打扰。<br>3. 若我觉得你脱离实际，想法不靠谱，我会很直截了当，甚至不客气地告诉你。<br>4. 如果有人向我抱怨你的行为处事（脾气不好、居高临下），我会建议他们直接跟你说。 |

| 贝丝向 | 1. 如果我发现你变得无理由的严苛、爱指使人，会提醒你。 |
|--------|--------|
| 莎拉表示 | 2. 我会尽一切努力，让你融合为我们的一分子。 |
| | 3. 我想尽快了解的信息，而你提供的速度不够快，我会告诉你。 |
| | 4. 如果我觉得你对某人、某件事情，或想要实现的目标盲目乐观，我会让你知道。 |
| | 5. 如果我觉得你工作中没有团队合作精神，我会直接跟你说。 |

| 莎拉向 | 1. 我不会被你的"唇枪舌剑"影响阻碍自己，若觉得你的指责有失公允，会提出来。 |
|--------|--------|
| 杰夫表示 | 2. 向你报告我实时的工作情况，没有事先通知你的情况下，不会擅自做决定改变方向。 |
| | 3. 如果我觉得你把我排除在外，而实际上我本该参与的事情，我会直接和你说。 |
| | 4. 我会处理好属于自己领域内的所有工作，你无须再操心。 |
| | 5. 我会采取一切必要措施，防止被人操纵、或无理由的要求。 |
| | 6. 如果你觉得我被人操纵，找到了我谈话，我不会有防备心理，会与你好好讨论此事 。 |

| 莎拉向 | 1. 在项目方面，如果需要你的帮助，会明确而具体地告诉你。同时，但凡你所需要的信息，我也会及时提供，以便你完成工作。 |
|--------|--------|
| 贝丝表示 | 2. 如果我觉得你太执着于细节，却没有把握大方向，会提醒你。 |
| | 3. 在遇事时，你看起来冷静、镇定、泰然自若，我明白你只是看起来而已，内心或许与大家一样紧张。 |
| | 4. 如果发现你太自我，处事忽略别人感受，我会提醒你。 |

人借以选择最贴切的词语描述自身，利用其分析出信息，进一步了解自己和互动情况。很多人并不善于描述自己，有了分析报告的反馈，他们收获了深刻见解，能更清晰地认识自我。这意义非凡，借用德弗里斯的话说，优秀伟大的合伙人能力卓越、目光长远、能鼓舞人心，然而，这并不意味他们一直能保持理性。杰夫，原本极为担心自己无法与莎拉融洽相处，在共同完成原则后，他总结："如果没有进行领导风格分析，我们的不同点将会导致彼此分裂。"意识到领导风格分析的作用如此之大，合伙人决定让公司所有管理层都参与进来，专门挪出一天完成风格测试。

得益于协议商定，准合伙人彼此建立了互信，也为将来共事带来了巨大益处。他们获悉的内容，其他合伙人可能需要数月甚至数年才能了解到；面对合伙人风格的异同这个最具挑战性的问题，他们也找到了应对方式。归根到底，领导风格的相似或相异不是最重要的，重要的是人们如何应对并能因势利导。

# 第九章　合伙人的个人价值观

　　一个人去隔壁熟食店买东西，落下 100 美元。熟食店的其中一位老板捡起了钱，转向他年纪尚轻的儿子问道："儿子啊，从道德层面考虑，这种情况下你该问什么问题呢？"儿子回答："我们是不是要追上客人，把 100 美元还给她？"父亲摇了摇头："不，儿子。我是否该把这件事情告诉合伙人。"

　　一名管理着市值 1.5 亿美元的分销公司的首席执行官，关于他的合伙人，他是如此告诉我的："一定程度上说，行为不当仅是个性的区别导致的，并非大事，这种观点是错误的。其根源是价值观的差异。"他和他的合伙人共事期间处理彼此价值观的差异并不轻松。每次需要两人共同做出决定时，大家似乎都会点头表示赞同，但就我对他们两人的理解，首席执行官描述他们存在着价值观冲突是非常贴切的。合伙人共同运营企业，价值观会渗透到日常管理的方方面面：企业记账、缴纳税金、薪酬安排、关乎雇员未来的决策。个人价值观也影响着公司的各个层面，从合伙人间的关系，到公司在社会上的声誉。价值观是大多数决策的基础。"意见的召集"常也被称为价值观的召集。

价值观背后反映的是人们最真实的需要和意图，是吸引、激发和推动人们前进的原动力，是路标，在错综复杂的环境下，你需要它指明方向。价值观决定着你如何感知这个世界，影响着你对自我和他人行为的评判标准。人们可能难以言语形容自己的价值观，然而，如果别人的行为与自己的想法背道而驰，大部分人都能轻而易举辨别出来。价值观是什么呢，其实很好理解，比如要努力工作、自力更生，或者觉得为人处事应严守时间，或者要关心他人、相信他人、与人为善等。

大部分的价值观在人们生命的初期就已形成，成长后的某些重要经历或者接触某位特别具有影响力的人，价值观也会因而发展完善。有的价值观恒久而贯穿生命始终，有的则是随着个人情况、周围环境变化消逝。有些人由于时机还未成熟搁置了自己的价值观，比如，某人迫切希望脱离法律领域去追求毕生志向——从事创造性工作，但决定先暂缓几年，待环境更有利时再转变人生轨道。

有些价值观实现后，在你心中会退居二线而不再重要，比如说追求财富，所以今天你所秉承且激励着你的价值观，明天却不一定如此。优秀的体育经纪人大卫·法尔克很好地诠释了这个道理。过去的 20 年事业生涯中，是什么激励着他每天起床奋斗，法尔克对此心如明镜：是钱。确保不断的资金入账，法尔克说，他觉得"一种义务驱使他在外奔波，挖掘下一位体坛新星"，他言出必践。迈克尔·乔丹、帕特里克·尤因皆位列法尔克的客户清单中。动机为法尔克带来足够的金钱后，他兴趣不再或者说初心改变，"现在，"他说，"钱对我来说已经不重要了，让我继续前进的原因是维持与大家的友谊。"喜剧演员杰瑞·宋飞多年以来为名声和财富不断奔走着，名利双收后，似乎没有了盼头。于是，宋飞决定换个新方向，他离开电视剧拍摄行当，尝试更具挑战性、压力更大的脱口秀节目。在《纽约时报》的一次采访中，宋飞表示加入考验严峻的脱口秀节目对自己而言并非必要，他说："感觉好像是从电视娱乐圈毕业了，我不再需要它。无关乎钱，也无关名气，现在，我所做的是一种创意的延续。"忠于自己价值观的人，往往更快乐，更有活力。价值观是他们的能量来源，指明前进方向、人生意义和目标。目标实现，收获了幸福感，更进一步巩固他们的价值观——自我强化循环。所有领域的领导者，包括商业，都有着明确而坚固的个人价值观，知道如何运用它。人们为领导者的风范所吸引，特别当他与自己的信仰相符时更甚。真正的领导者行为处事与奉行的价值观一致，不会华而不实。不靠谱的领导者价值观流于表面，言行不一，经常因为周遭环境变化，妄言轻动；他们说起价值观头头是道，做事时，却是完全不同，一旦被人识破真相，他便给人家脸色看。

了解其他人的价值观很重要，对方是你的准合作对象时更要特别留意。这么说，并不是说对方价值观一定要与你相同。比尔·汉纳和乔·巴贝拉是一家卓越的卡通制片工作室的共同创始人，并且制片工作室以两人名字命名。他们的价值观截然不同，巴贝拉沉醉于好莱坞的社交生活，汉纳则是童子军的指导者，同时也是一名虔诚的信徒，定期去教堂做礼拜。两人都满意于自己的业余生活方式，也尊重彼此。

认识合作伙伴的价值观，理解对方价值观在其生活、工作的体现至关重要。我参与的合伙人讨论中，价值观部分是其中最深刻、最走心、最具思考性的交流。价值观能直接触碰彼此心灵，知悉双方的价值观，了解的信息有助于构建更牢固、健康的合伙关系，是合伙人原则不可或缺的一部分。


**评估个人价值观**

评估个人价值观绝非易事。多年来，很多准合伙人请我帮忙分析自己能否与合作伙伴融洽相处，除了评定他们的个人风格以外，我尝试着利用不同工具评估、比较大家的价值观，却没有哪种工具达到预期。最后，终于找到一种方式，简单称为"个人价值观评估"，由托马斯·瑞特开发。它会要求评估者回答简短的几十个问题，迅速得出个人侧写报告，了解他对 8 种主要价值观的排列次序。评估有三大用处：第一，不用再关注一堆纷繁的参考标准，合伙人认为这八种价值观能够反映出他们首要的考量因素，衡量合伙人是否能共事并且和谐相处；第二，能简单地针对合伙人侧写（即价值观的排列顺序性）进行比较；最后，综合来说，大家认可评估的客观结果，描述准确。8 种价值观总结自瑞特的《了解自我，再了解他人》，请见下页表简述。

记得一次针对家族企业的调解，是我首次利用"个人价值观评估"分析企业合伙人和参与管理的四名家族二代成员，他们已共事多年。最晚加入公司的两名二代成员，经历了两年糟心的工作生活，各种矛盾暗流涌动，终于在其中一人激烈离职的背景下，矛盾达到高潮。第二天，我便接到了他们父亲的来电，他情绪近乎崩溃地告诉我，提出离职的孩子气冲冲打包行李准备出走加利福尼亚。我和那名儿子通话，说服他在城市附近等候，等我和他的同事开完会议后再做决定，之后，我便展开为期两天的会议，与企业家族成员逐一交谈。

两天漫长的会议期间，我们给每人布置了点功课，包括做"个人价值观评估"。我们无法猜测评估情况，最后得知的结果惊人但却能点醒大家。分析了价值观侧写，我们很快就判断出是哪位二代辞职急于离开家乡。

从表格中你会发现，除了罗伊，每个家族成员分数最高或次高的价值观是"精神主义"。排名前二的价值观最能反映人们的兴

## 8 种个人价值观

---

**美感主义** 追求美感，喜欢把事物变得更具吸引力，有艺术感；希望与人、自然、事件和谐共处；善于发现、感知细微差别，利于创造；慢郎中性格，做事缺乏紧迫性。

**博爱主义** 寻找机会奉献自己的时间、天赋、金钱，有时甚至把满足别人需求看作比自己需求还重要。乐于助人，却不求回报。不善于拒绝，可能会因此而被人利用。

**利己主义** 看重个人自由和自主权；自立，自信，愿意冒险。即便是朋友，也可能会得罪、疏远他们。

**物质主义** 工作勤奋，以获取金钱和财产作为努力目标，要求投资有回报。可能会变为追求财富的狂热分子。

**权力主义** 追求权力，大家的认可、自我满足比财富所得更重要；努力工作，愿意担责。可能会自尊心脆弱，急于进步，表现出没有耐心。

**形式主义** 喜欢结构化、规则，寻找安全感；有较高的道德标准、工作有条理性。可能会严格死板，让人不易亲近。

**精神主义** 信仰至高权利，坚持信念比理性更重要；力求与大家团结一致，喜欢服务他人，能发现他人的优点。可能会变得眼里只有别人的优点。

**理论主义** 学无止境，渴望新知识，喜欢弄清事物工作原理；享受头脑风暴，倾向直觉决策。可能行事缓慢，且有些许悲观。

---

家族企业合伙人的价值观侧写

| 杰克（父亲） | | 玛里琳（母亲） | |
|---|---|---|---|
| 精神主义 | 72 | 精神主义 | 67 |
| 美感主义 | 63 | 美感主义 | 65 |
| 博爱主义 | 58 | 博爱主义 | 64 |
| 利己主义 | 45 | 利己主义 | 58 |
| 形式主义 | 43 | 形式主义 | 52 |
| 理论主义 | 41 | 理论主义 | 43 |
| 物质主义 | 33 | 物质主义 | 35 |
| 权力主义 | 26 | 权力主义 | 33 |
| 斯坦 | | 芭芭拉 | |
| 形式主义 | 58 | 理论主义 | 53 |
| 精神主义 | 55 | 精神主义 | 48 |
| 美感主义 | 47 | 形式主义 | 47 |
| 博爱主义 | 47 | 博爱主义 | 45 |
| 理论主义 | 46 | 美感主义 | 39 |
| 物质主义 | 41 | 利己主义 | 37 |
| 利己主义 | 35 | 物质主义 | 36 |
| 权力主义 | 27 | 权力主义 | 13 |
| 卡拉 | | 罗伊 | |
| 精神主义 | 62 | 美感主义 | 57 |
| 理论主义 | 60 | 理论主义 | 53 |
| 形式主义 | 56 | 博爱主义 | 52 |
| 物质主义 | 53 | 形式主义 | 52 |
| 博爱主义 | 53 | 利己主义 | 46 |
| 权力主义 | 53 | 物质主义 | 43 |
| 利己主义 | 52 | 权力主义 | 39 |
| 美感主义 | 49 | 精神主义 | 21 |

趣和动力来源，当然居于末位的也能够说明他们最不在乎的是什么。也许罗伊的"精神主义"价值观曾经居于要位，我们不了解其间的变化，但能确定的是在他辞职时此项分数是最低的。

在第二次家族会议公布结果之前，我们和他们讨论过，指出价值观无好坏之分。不同的人有不同的价值观，且会随着时间变化，但价值观是每个人的能量来源，它激励着自己前行。评价别人的价值观没有多大意义，最好的办法是尊重彼此的不同，去分析不同（或相似）的价值观如何影响大家协作。

在看到每个人侧写的差异后，大家的困惑很快就解开，明白了以往发生冲突的缘由。似乎是价值观侧写替罗伊在家族成员面前发声，"我看待世界的角度和你们不同，我得离开往前走。"在调解员的协助下，整个家族继续讨论事情的前因后果，最后以献上对罗伊的祝福为标志结束了一天会议。他带着大家的祝福安心离开了，这远比之前的离别方式理想。剩余的子女继续讨论，完成合伙人原则。

## 对比合伙人的价值观侧写

上面的家族企业合伙人经历非常戏剧化，属于典型的例子，我以往接触的数百名合伙人，无论哪种类型，都十分肯定"价值观评估"方式，认为它极大地帮助大家了解彼此的相同、相异之处，协助制定协议，实现高效工作。按瑞特的说法，分数最靠前的两种价值观，最为显著，是真正激励人们前进的因素。而评估单底部的价值观，对人们的行为影响基本可忽略不计。

合伙人在审阅自己的侧写报告过程中，我建议针对以下项目，请把心中答案简单记录下来：

1. 自己的第一反应，思考后的第二反应；
2. 肯定的角度分析，自己分数最高的价值观在工作场所的两种有益体现；
3. 否定的分析，自己分数最高的价值观在工作场所的一种有害体现；
4. 肯定的角度分析，自己分数次高的价值观在工作场所的两种有益体现；
5. 否定的分析，自己分数次高的价值观在工作场所的一种有害体现；
6. 猜测自己的合伙人或将来的合伙人，最重要的两种价值观。

请合伙人们在团队中分享自己的以上答案，一项项讨论下来。常常需要耗时几年才能发现每个人价值观的优势和劣势，通过回答能够缩短时间直接了解重要信息。等到合伙人在实际的合作中才发现这些信息，情况就大为不妙了。加里·弗雷是这方面的过来人，他表示在担任奥克森创意集团总裁前，他两次不同的合作经历令自己损失了近 25 万美元。他说："早期的合作关系中，我太急于求成了，没有比较大家的核心价值观就草率地踏入合作关系，这种错误实属不该。终于我发现了自己奉为信仰的价值观与合伙人完全不同，真的是让我大出血，两次合伙分别损失 3 万美元和 22 万美元，正是因为我合作前没有做足功课——去评估对比合伙对象的价值观。"准合伙人针对第 3、第 5 点的回答很有启示作用，我常常惊讶于合伙人竟可如此迅速地发现：自己分数最高的价值观在工作中的消极（有害）表现，打个比方，有人注意到自己分数最高的精神主义价值观妨碍自己解聘表现欠佳员工。考虑到最高分数价值观对个人影响深远，很有必要去了解它的消极影响。若以这种方式阐明价值观，大家便能更好理解彼此行为，更容易谅解对方的异常举止，更直观地讨论他的行为。

完成 6 个问题的讨论，合伙人可开始查看全部团队成员的侧写。把每个人的 8 种价值观分数均列明示在公告板上，方便对比的同时，你会发现：

1. 哪种价值观，基本上所有人分数最高的都是它？

2. 哪种价值观，完全见不到它列在前四的位置？

3. 是否有某种价值观，不同人间有着显著区别？（个人对于显著区别定义：5-7 个阶梯差的不同，比如某人的"博爱主义"排列第一，而另外的人则排列第六）。

打算共事的人，探讨这些问题一定能揭露团队合作会出现的情况。合伙人中，有很多是权力主义者吗（这预示着成员内部相互竞争）？侧写评估表中，大家的物质主义价值观都处于居中居后位置吗（这样的团队较有责任感）？有人的利己主义分数很高吗（这可能会造成团队的分散）？如果一人博爱主义分数最高，另外一名合伙人却是最低，该如何？每种价值观都能奉献它的意义，但它也会导致问题产生。

罗伊和他的家族发生的故事说明了，团队中出现一名合伙人的价值观分数最高而其他人最低的情况，很大可能会发生冲突。另外的角度看，在这种情况，特定的价值观却能很好发挥功效。恒星系统合伙人（见附录），杰夫和莎拉的权力主义价值观的分数都很高，在贝丝这边则分数最低，三人却能相处很好。不过，杰夫、莎拉需要讨论各自的权力主义排名前二，后续可能的影响有哪些。

合伙人的物质主义分数高能为企业加分，做生意的目的是赚钱，他们关注企业利润可谓是火眼金睛。洛克萨妮·昆比是优秀企业——小蜜蜂的共同创始人，她的表述再贴切不过："我创建公司的动机不是为了钱。我的生活方式很简单，柴米油盐，缅因州的小镇生活。主要为了挑战自己，打怪兽通关。赚钱就好像通关，我想看看自己能打到哪里。"对其他人而言，物质主义观可不是柴米油盐。人们要探究不同价值观对自己意味着什么，这需要内心的坦诚与技巧，不过，评估的反馈能为大家进一步交流提供极大益处。

完成以上所有问题后，请合伙人最后问自己两个问题并记录存档。首先，了解大家独特的价值观组合后，制定什么协议（两名合伙人一组的协议；整个团队的协议）有助于高效工作？其次，是否愿意采纳一或两种价值观作为团队观，引导日常的决策、工作。分享持有同种价值观是合伙人实现强大的力量源泉。合伙人的个人价值观会有意无意渗透在他的生活、工作中。在某个时刻，价值观总会显现于众人面前，所以，最好把内在隐性价值观都显性明确化。有了数据、讨论、协议的基础，合伙人可以枕戈待旦，实现高效合作，最大化自身的潜力。

## 合作互信是必需

合伙关系中，重要性仅次于价值观的便是信任。在一段成功的合作关系中，当人们问起合作如此顺畅的原因，回答往往是："信任。"信任促成合作，合作进一步建立信任——形成良性循环。有着相似价值观的合伙人更容易产生信任。如果合伙人认为对方的行为与合伙关系的价值观不符（无论该合作价值观是否经过双方首肯），便会对其失去信任。请看下面的案例。

记得一次在佛罗里达游艇码头的调解，当事合伙人各占比

50%，调解中期，两人在考虑是否要继续合作关系，合伙人尼克跟合作伙伴弗兰克说："发生这一堆糟心事都是诉讼造成的。"继而，他们把诉讼发生前后的故事娓娓道来。公司的客户起诉他们要求索赔几万美金，缘由是购买的 90 英尺（约 27 米）游艇出现故障。审讯和证词过程反复冗长，竟达两年，最后尼克跟弗兰克报告：他已和客户的律师讨论和解提议，希望弗兰克同意。获其同意后，尼克叫来律师，并表示事情告一段落，他和公司合伙人同意和解协议。但第二天上午 7 点，弗兰克从家里致电尼克，表示否决。

两人同时叙述故事的细节，突然尼克转向弗兰克大声吆喝："是我把话带给他的律师，做出承诺，而且你也同意了协议。我一生中从来没有食言过，现在就告诉你，如果你打算背弃合约，我们玩完了！"

这次事件后一年，诉讼完结。付出的费用比之前首次协调的金额高出了很多，然而，真正的代价是他们的合作关系。按尼克的话说是"背叛"的结果，是 5 年的炼狱生活。弗兰克道歉，并且承认自己的错误，但总会补充说，是他们的律师告诉他，"口头说的不算协议，书面协议才有效力，"而且原本损失金额可能会多达几百万美金。

尼克抱怨很多次，即便两人一致同意公司由他来运营，弗兰克仍旧会怀疑或干涉自己做的事情。值得注意的是，刚开始调解时，两人都做了风格、价值观评估测试。他们一致认为风格评估结果能有效促进大家的沟通，甚至到调解末期还在发挥作用。只不过，现在调解主要是为了帮助两人"好散"，所以我们没有让他们相互浏览价值观报告。丝毫不令人惊讶，两人的类型相去甚远。最重要的差别是，尼克的权力主义观排在倒数第二，而弗兰克却相应位列正数第二。弗兰克的权力主义就此突显，虽然表面同意尼克负责游艇公司运营，不参与、不干预尼克的决定对于弗兰克来说是不可能的。

尼克看来，弗兰克强迫他做出食言的卑劣行为，是压死骆驼的最后一根稻草。那之后，他觉得两人的信任荡然无存，任何事情都无法挽救。尼克要求结束 20 年的合作关系。我们协助两人完成解约流程，希望能善始善终，两名合伙人关系降到冰点，实现善终对于现阶段的他们而言是巨大挑战。尼克买断弗兰克股权，股权估值支付分文不少，也贡献大量时间帮他东山再起。

相似价值观的人更容易实现互信。如果价值观不同，请合伙人一定要相互理解、积极讨论，就如何共事达成协议，莫让彼此价值观的不同变成前进的绊脚石。

# 第十章　公平与否

満足我所求，才能收获你所想。

——亚当·斯密

芭芭拉·拉扎罗夫和她的明星大厨丈夫沃尔夫冈·普克合伙经营企业，她觉得两人关系存在不平等的状况。拉扎罗夫说道，并非不满自己负责了餐厅大部分的经营管理，也无关工作时间的长短、报酬的多寡，就是觉得某些地方不公平。

她向普克说起这些情况，两人一起探讨具体哪里出了问题。她觉得自己的付出、为合作关系的成功做出的贡献，全都被普克的名气给掩盖掉了。情况显而易见，她太看重公众给予丈夫的赞美和名声。他们想办法调节地位失衡的状况，找来公关，不过目的不是推广餐厅、吸引大众关注，而是确保前卫规划师——拉扎罗夫的贡献得到社会的认可。这似乎起到了作用，他们继续以合伙人形式各自分工，两人的餐饮帝国市值之后竟突破 3 亿美元大关。

几年后，普克和拉扎罗夫离婚了，但两人仍保持着商务合作关系。结束婚姻关系后还能继续合作，对谁来说都不是易事，也许他们找到了一种适合彼此的平衡之法，共同为企业效力。

平等关系就好像呼吸：平时没有感觉，出问题了才会意识到它的存在。参考其他合作的问题症结，最好在发病前就已对症下药把问题解决。我和同事调解的案件中（不包括普克和拉扎罗夫），近半数出现过合伙人认为彼此存在不平等的情况，进而导致合作关系无法发挥其作用，但若要细问何处不平等，他们也说不上来。有的合伙人本能感受到不公待遇，只是难以用言语描述；另外的合伙人则觉得自己知道不公平之处，却不知该如何处理。公平是大家在合作前和建立合作关系后需要时常注意的重要方面。

## 合作中人际关系平等

请合伙人以对待资产所有权的态度看待人际关系平等——公正，既要从经营方面，也要从私人角度方面考量。合伙人人际关系平等的想法是源于我看到的一本书，书名为《把握好公正的天平》，作者为佐治亚州大学的两名教授。

介绍了人际关系平等的概念后，合伙人会更容易理解公平的含义。人际关系平等其实是关于合伙人对自己付出、收获与他眼中其他合伙人的付出、收获之间的平衡。合伙人总会不自觉地权衡付出与回报，看是否均势平衡。属于贡献／付出的范围有：工作的努力程度、提供的专业技能、资本投入、业务指导、商业才干、时间投入；收获／实现的范围有：金钱（首当其冲）、管理个人时间的能力、参与社交活动的机会、所有权占比、在社区中专享重要地位的掌握控制权。不仅限于以上内容，还有其他诸多情况。财务平衡表长期赤字不是好迹象，同理，如果合伙人的个人权衡表中长时间出现赤字（天平偏向一边），问题就随之而来了。

这个过程或许很艰难，积极的人际关系平等是合作长期成功的关键。合伙人彼此在各方面处事公正严明，公司业务定会红红火火。这类合伙人相互信任、对彼此有信心，他们相信大家有能力处理好敏感问题，并且心里清楚对方会为自己着想、公正处事，坚信自己可以经受住挑战。每位合伙人都非常满意这段关系，促进了大家的积极性，从而做出更多贡献。

在团体中创造公平，往往是说的比做的容易。人们不会一直关注合作伙伴的贡献，而且每个人衡量事物价值的标准是不同的。有人若其本身就是奉献者的一分子，会把贡献说得更伟大。由于贡献多寡的天平总是在摇摆，所以维持合作团队中的公平也非易事。对于公平，很多合伙人的看法是"制定好规则，大家就可以歇着去了"，这完全不适合日新月异的商场。其他实现公平的简单尝试如追求一切事物的均分，也会走向失败，因为商界运营中存在太多变数，实践过程中是无法实现事事平等的。

探讨合伙人人际关系平等的概念不是为了要客观鉴定什么才是公平，而是它肯定了一种重要性——每位合伙人对自己付出、收获的看法；而且认可这种看法是参照他眼中其他合伙人的付出与收获得来的。

冰激凌企业班杰瑞总部位于美国佛蒙特州，它的创办人为本·科恩和杰里·格林菲尔德，在企业总部接受我们关于其两人合作关系的面谈，两人完美诠释了日常配合中公平的重要性。他们开始娓娓道出，一晚，杰里在工厂搅拌混合首批奥利奥冰激凌（本发明的新口味），搅拌工作进展得不是很顺利。杰瑞筋疲力尽，他觉得手臂被冷气冻得似乎有千斤重，没法伸到机器中把堵塞设备的饼干混合物搅碎掉。那一刻杰里眼中只有自己的付出，感觉强烈，他认为自己在超负荷工作、辛勤劳作却没人赞赏。

杰里继续告诉我，几分钟后，黎明破晓，太阳逐渐从佛蒙特州的半山腰升起，他想起不一会儿后，本就得开着"危险送货卡车"（因为卡车刹车有点问题，公司没钱修理）上坡下坡地穿越在一座座山中，先前觉得关系不平等的想法突然消失了。"我们真的就像是难兄难弟，同甘共苦，我在努力工作，但他比我更努力。"杰里总结道。本应和着表示，杰里那时的辛勤劳动他也有感受到。

从本和杰里的故事，我们得知合伙人贡献类型的差别之大好比昼夜之分、个体性格迥异那般明显。本天赋异禀，想出了冰激凌混合奥利奥饼干的好主意；为免想法沦为泡影，杰里有着把主意落地的超能力。为了成品，杰里通宵达旦，冒着被冻伤的风险；为了送货，本破晓前就已起床，冒着撞树的风险。对方看来轻而易举的事情，自己断然是无法做到的。

这就是合作关系的神奇之处。我相信本和杰里多年的合作中，配合方式得以持续性完善。在公司出售给联合利华前，我采访了他们，本和杰里都很担心，想确保对方拿到其应得的部分而不被亏待。其实到了这个阶段，合伙关系已经不是只顾个人利益、保护自己势力范围或者权利；而是心中有对方，照看、支持着彼此。大家相互鼓舞，发挥潜力，每个人的成就（业绩）越来越多，大有作为，远远超出自己曾经的想象和能力，甚至能创造出奇迹。

## 合作关系的困境

慷慨、无私、和善的合作关系并不多见。然而若有一名或多名合伙人感觉到彼此人际关系的不平等，合作困境就应时而生了，这种情况经常发生。困境的特征是某一人的收获多于其他人，造成嫉妒、怨恨情绪。随着时间推移，情绪会不断恶化；平时，一个小决定就可能会立刻触发合作危机。其他合伙人对安排感到满意并不重要，导火线只需有一名合伙人感到大家的回报出现失衡便能引爆危机。通过个人处理，或者团队协调某一位合伙人的苦恼，如果未处理得当，终将变成每个人的烦恼。

合作困境可能会由于可观察性的投入如资本、工作时间投入不平等导致，或者其他难以量化的因素。一名初创的网页设计公司合伙人认为自己的专长（编程技能）价值要高于另外两名负责市场营销、行政管理的合伙人，但只均分到公司 33% 的股权。相比其他合伙人，她确信自己为企业提供的价值是至关重要的，然而，得到的却是同样的股权和薪酬。这名合伙人因此十分懊恼，进一步导致自己工作表现欠佳，而反过来，又强化了其他合伙人的看法：大家均等分配公司股权相当公平。

理解合作关系困境的密钥是：记住这只是看法，而非现实情况。无论是合作关系的当事人或者旁观者，都不赞同上述编程合伙人自我评估的贡献价值，但她的看法是问题的中心所在。

合作关系困境恶化是否会有人表达并非重点，何时、如何表达才值得我们重视，这取决于合伙人的个性和感觉的强烈程度。矛盾的是，有时合伙人常常宁愿说一些无关紧要的事宜，也不大愿意发声表达严重的合作关系困境。担忧深层次讨论问题会破坏合作关系，这种想法很有风险，焦虑让问题埋藏得更深了，考虑到问题不会自行解决消失，合伙人尽早面对、解决合伙人的不满是非常必要的。

有六种可能方式可回应合作关系困境。其中仅两种是积极的、建设性的回应方式。剩余最普遍的四种——尽管不理想，它们分别是：

1. 减少对合作关系或者企业经营的付出；
2. 从合作关系或企业经营中取走更多资源；
3. 妨害合作关系或企业经营（有意、无意）；
4. 退出合作关系或者企业经营。

类似的，合伙人取走资源的方式有很多种，其中不少以偷偷摸摸的形式进行。可能频繁休假、请病假，偷窃小额现金或者贪污巨款，还会勾销自己欠公司的债务，挪用企业的设备作个人用途。

合伙人有时会妨害自己的企业以作报复。对其他合伙人做出令人讨厌的疯狂行为，而受害合伙人往往无迹可寻，茫然不知发生了什么事情。愤怒中的合伙人可能会有如下行为：不回电给客户、向第三方或员工抱怨自己的合作伙伴、对员工或客户恶语相向。合伙人行为是否伤害到他自己，当事人觉得是次要的，重要的是他成功报复了其他合伙人。

最后，如果合伙人觉得情况实在不公平，会考虑退出。他们对所有的矫正不公的方法不再抱有希望，觉得自己努力过了，但都不奏效。他们或许想避开表达不满情绪后引发的冲突，公司运营良好、利润可观，看起来合伙人相处也挺融洽，然而却有人选择退出，总会让人诧异不已。

有的合伙关系中，合伙人觉得不再值得合作，便会终止关系，退出合伙。久负盛名而且财务状况看似不错的纽约律所——谢伊和古尔德律师事务所在运营了45年后投票宣布解散，整个律师界一片哗然。报道称律所合伙人受够了调和彼此的尝试，他们成功地创立并运作一家享誉华尔街的顶级律所，却在维系合伙人的人际关系平等上失败了，合伙人彼此疏远。"我们变成了一家由个体律师组成的事务所。"大家只是共享工作场所，一名前合伙人说道。

米尔顿·古尔德和威廉姆·谢伊共同创立了律所，古尔德表示在最后闹得最凶的几年，公司好像是古代的"后宫"，充斥着嫉妒，合伙人行事"专横、自私"——合作关系陷入困境的迹象，他形容这是场"个人悲剧"，"太多的个人对抗和冲突，律师们无法和谐相处"，大家需要脱离这种状况，解放自己。在合伙人采取如此激烈行动前，最好是寻找外部人士协助化解合作关系困境，寻找积极的方式修复人际关系平等。如果这些努力失败了，合伙人再决定解散也不迟。

值得高兴的是，我们还有另外两种积极的、建设性的修复人际关系平等的应对方法，而且常常会奏效。

## 重新检查和评估数据

贡献和企业经营收益常会反映在数据上。感受到不公平待遇的合伙人可以回顾检查相关数据。比如说,有名合伙人长期认为自己的合作伙伴以公务出行的名义报销度假费用。检查了各项费用单据后,他发现原来合伙人并没有报销私人行程费用。合伙人也许该更正一下对数据解读的看法,核查了整体数据、报表,合伙人会觉得合作协议似乎没有想象中糟糕。一位女性因为合伙人经常请假照顾家中身体抱恙的母亲而感到不满,由于对方的行为,自己不得不增加工作量收拾烂摊子。在和朋友倾诉后,朋友协助分析之后告诉她:你也享有类似的自由啊,也许将来的某一天你也得应付同样的生活负担。

## 重新谈判协议

第二种积极的修复人际关系平等的方法是说服合伙人一起坐下来有针对性地谈判协议条款。理想情况是,所有合伙人能意识到:若有一人感到不快,会令整段合作关系处在危险中。讨论可能是场拉锯战,但只要大家愿意讨论问题,情况就能大为改善。

为了更好解释这点,我们举个例子:两名来自佛罗里达州的男子——罗杰和特里合办一家保险代理公司,各占 50% 股份,利润平分。几年后,特里觉得协议安排很不公平,公司生意 80% 都是他拉进来的,罗杰只负责办公室日常管理。特里很明确地告诉罗杰自己把他当好兄弟,但他觉得目前的安排很不公平。他让罗杰休假 3 周，叫罗杰把自己的工作岗位的市场价值做个评估，之后他们再进行对话。特里跟我说："我知道如果再不说出来，事情只会变得更严重，最后无可挽救。"罗杰调查了自己岗位在市面上的参考价值后，两人重新对话，特里提出 70：30 的占股比例，罗杰同意了。现在十年过去后，两人仍维持着 70：30 的占股配比。

## 评估人际关系平等的训练

借由帮助合伙人重建人际关系平等的多年经历，我和同事研究出一套训练方法协助评估合伙人的平等问题。合伙人通过这套方法重新协商讨论事宜，一定程度上巩固了他们的信念——安排是平等的。

### 贡献和收获

初步训练的准备工作是每位合伙人需要列出四项清单：

1. 你认为自己为合作关系和企业经营所做的贡献，全部写出；
2. 作为企业合伙人，你想要收获什么，全部写出；
3. 你认为合作伙伴的贡献有哪些，全部写出；
4. 你觉得你的合作伙伴作为企业合伙人，想要收获什么，也请全部写出。

清单务必尽可能地覆盖全面、具体。清单越是广泛，益处越多。第三点、第四点请合伙人针对每一位合作伙伴分别列明。如果合伙人的清单太泛泛，描述其他合伙人的情况相似，可能是一种信号：这名合伙人无法鉴别同事的个人贡献。

合伙人集合开始讨论，第一名合伙人先把自己的清单放在白板上，清单中列着她自己认为的贡献，而加入其他人的看法时（即其他合伙人认为她的贡献）请用另外颜色的笔记录在清单上。每位合伙人轮流记录自己的贡献和他人眼中的贡献后，第二点，也用同样方式进行。训练的最终，每位合伙人均有两份涵盖全部合伙人想法的长清单：一份关于自我和他人的贡献，另一份关于作为合伙人共事想得到的收获。

三名恒星系统合伙人的清单，在下方图表，阐述了此类训练得出的细节。评估人际关系平等时，清单的项目数量并不重要。关键是要综合质量和数量，其次，每位合伙人的想法都能列在其他合伙人的对应项下。通过训练，合伙人有了数据参考，能够深刻地讨论哪些公平、哪些不公平，借鉴清单，讨论彼此的贡献和相对价值。

人们计划贡献的承诺和抱负，其标准值得我们特别注意，因为公正常常是来自评估人们工作的勤奋度（大致地说就是抱负）、态度（承诺）。大多数合作关系的默认标准是：所有合伙人会全身心奉献自己，所有时间随时在线。可能合伙人无法要求其他人的

每位合伙人对企业经营和合作关系的贡献

（合伙人个人的想法列在横线上方，其他合伙人的看法列在横线下方）

| 杰夫贡献了 | 贝丝贡献了 | 莎拉贡献了 |
|---|---|---|
| 1. 一家成功企业所有权 | 1. 在 SSI 公司效力 20 年的工作经验 | 1.28 万美金的资本投入（一段时期内缴足） |
| 2. 丰富的行业知识和经验 | 2. 28 万美金的资本投入（一段时期内缴足） | 2. 大型潜在客户的人际关系和生意圈 |
| 3. 充沛精力和处理繁重工作的能力 | 3. 业内声誉：平等和诚信 | 3. 愿意分担风险 |
| 4. 家庭价值观：信任和稳定的员工队伍 | 4. 多年担任财务部总监 | 4. 市场营销能力 |
| 5. 发展公司的眼光长远 | 5. 广泛的业务、咨询关系 | 5. 与厂商的关系 |
| 6. 诚信 | 6. 稳定、有毅力、可信任、一致性 | 6. 事业 |
| 7. 愿意冒一切风险 | 7. 初期便能把事情做对 | 7. 资金 |
| 8. 热衷于改善客户产品和服务 | 8. 机构背景 | 8. 技术能力和教育背景 |
| 9. 可信赖的 | 9. 诚信、思维清晰 | 9. 管理经验 |
| 10. 处事积极，勇挑重担 | 10. 与雇员关系融洽 | 10. 诚实、信赖、有道德感 |
| | 11. 言出必践，信守承诺 | 11. 有职业操守 |
| | 12. 公司中，愿与人合作、积极进取 | 12. 精力充沛 |
| | | 13. 有潜力 |
| | | 14. 可靠的战略能力 |
| | | 15. 快速学习能力 |
| | | 16. 想成功的欲望强烈 |
| | | 17. 慷慨 |
| | | 18. 风趣 |
| | | 19. 观点新颖 |
| | | 20. 有信誉、稳定 |
| | | 21. 勇挑重担 |
| | | 22. 口才好 |

每位合伙人想从企业经营中得到的收获／想实现什么
（合伙人个人的想法列在横线上方，其他合伙人的看法列在横线下方）

| 杰夫想实现 | 贝丝想实现 | 莎拉想实现 |
| --- | --- | --- |
| 1. 年薪 42.5 万美元 | 1. 有机会参与公司的收购行为 | 1. 职位范围内的自主权 |
| 2. 授权自己关注企业发展大方向 | 2. 年薪 15 万美元 | 2. 可自由安排个人时间 |
| 3. 最终控制权 | 3. 公司配车 | 3. 提高公司所有权占比超 10% |
| 4. 充分质量支持，避免我的日常工作被此搅乱， | 4. 接下去的半年到一年时间内增加 1～2 名新员工至我的团队 | 4. 年薪 ≥ 20 万美元 |
| 5. 将来出让股权，由他人买断 | 5. 安全性、连续性要逐年增长 | 5. 五年多时间付清采购货款额 |
| 6. 提供的假期多于以往工作 | 6. 足够的员工支持财务部高效运转 | 6. 配车和其他公司可负担的福利 |
| 7. 安心，感受这段合作关系发挥作用 | 7. 有机会提高自己的公司所有权份额 | 7. 大量的休假时间 |
| | 8. 针对财务部内部员工的决定，有最终裁定权 | 8. 技术能力和教育背景 |
| | | 9. 实现生活与工作的平衡 |
| | | 10. 作为股东一员，有职位相应的自主权 |
| | | 11. 大家认可其合伙人身份 |

工作表现与自己一致，但他们会要求对方有着相同的抱负和承诺并视为合理。

这种命令、期盼要求所有合伙人奉献全部时间太苛刻了。缺乏灵活性会导致某些合伙人心中不悦。可能除了痴迷于按时计酬的律所外，大多数合作关系难以构想出其他安排。在一家位于华盛顿的公司，有合伙人想拥有更多私人时间，打算缩短自己的工作时长并愿意降低相应报酬约 20%，其他合伙人同意了，但不满意洽谈的条件，我想原因可能是很多人希望实现正常健康的工作负载但不想以牺牲报酬为代价。在一小段时期后，合伙人放弃了继续全职工作，之后，跳槽到一家允许灵活处理私人与工作时间的公司。另外一家公司的高级合伙人也曾对我表过心声：他也想减少工作时间，可以接受降低报酬，然而因担心引起其他合伙人的猜疑作罢。他认为在削减后，大家不会把自己放在眼里，失去了以往的"重权在握的地位"。

缩短工作时长或许意味着抱负不再强烈、承诺不再恪守，但最好不要妄加猜测。了解变更工作时间背后的原因是什么十分重要。希望只工作 80% 时间的律师，可能每分每秒都处于专注状态，和全天候工作的律师差别无几，甚至工作成效优于全职工作律师。不过，根据大多数律师的经历，改变全职工作、全额工资，灵活处理的方式，在理论上就难以构想，且不用说在日常工作中执行，更让人筋疲力尽。

合伙人秉承公平原则综合大家的贡献，再对比每位合伙人的收获（或者说取走的资源），这样就能制定出个性化安排。我们经常看到，人们发现自己原可以为每个人做出针对性的合理分配后，都会长舒一口气。合伙人把自己蜷缩在条条框框中，希望所有安排均等，报酬一致，常引发尴尬、焦虑、处事不公之感。

列出完整的合伙人贡献明细清单，将更好地判断合伙人的收获（从经营中取走的资源）是否合理。合伙人会发现这项训练帮助他们聚焦在实际所有权占比上，有了完整而清晰的关键因素可作参考。恒星系统合伙人在做训练期间，贝丝和莎拉就已开始洽谈 10% 的公司股权。得益于训练，贝丝总结出自己希望能扩大个人股份占比，进而引申出大家的探讨和制定协议：三年后，允许每位少数股权占比合伙人额外收购公司 10% 的股份。

并不是所有要求都必须得到满足，对此，恒星系统合伙人也特别说明，杰夫要求 42.5 万美元的年薪，其他合伙人反驳表示杰夫所提供的经验并非不可或缺，不值如此高的酬劳，后来杰夫妥协降到 37.5 万美元，大家同意了。

训练引发的大量讨论让合伙人第一次看清了各自的价值。它提供一个更恰当的方式去挖掘合伙人对人际关系平等的看法。心中要有明确的概念，才能让合伙人彼此了解各自的需求和价值具体是什么。咨询公司的一名合伙人出于市场营销的目的，希望能有更多时间写广告文案。虽然大家都认为得有人去做这件事情，但是都没有兴趣，所以她的合伙人得知此事后很高兴。不过，其他人又提出要求并且征得这名合伙人的同意，在个别文案的作者附上大家的名字，对大家都公平，也能够共享声誉。这名合伙人喜爱文字创作，如果她的酬劳能有所提升，满意度自然大幅提高。

除此之外，其他合伙人也会因她负责文案类工作而感到轻松。最后大家各得其所。合伙人能够左右现实情况和影响其他人对公正的看法，但前提是知道对方真正在意的是什么。

合伙人开始讨论每个人贡献的价值，有些人的贡献得到了大家的认可，而有些人的付出却无人知晓，这种情况难以避免，合伙人开始或多或少地意识到其他人的额外付出，附加价值渐渐被重视。

有些企业的合伙人完全只顾自己，仅关注自己的付出和收获，全然不感恩别人的奉献，也不在乎他们是否得到应有回报。训练迫使他们关注重视其他合伙人奉献的价值，这很可能是多年以来的首次，通过对彼此的关注，让他们耳目一新，重拾动力，寻求改变。

## 公正评级

训练的第二步是合伙人评估人际关系平等各方面的满意度，回答关于总体感觉是否公正的问题。这个练习特别适合已经共事多年的合伙人来做。

1. 你是否满意自己目前对企业的贡献，满意度多少？

2. 你是否满意自己目前的收获，满意度多少？

3. 你的贡献和合伙人的贡献对比后，你是否满意？

4. 你的收获（取走的资源）对比合伙人的收获（取走的资

源），你是否满意？

5.总的来说，你觉得公平吗？公正度多少？

以上五个问题直击公正话题的中心，也会引发合伙人相应的讨论。如果有不满意，回答将能精确指出合伙人该改善的地方，优化目前状况。

合伙人想要实现一种皆大欢喜的平衡就无法避开事实：公正平等不是意味一切相等。在企业启动初期，合伙人支付给大家的报酬一样，然而，随时间推移会产生不公之感。有人开始认为自己工作更卖力、时间更久、负担的责任更重。若合伙人的贡献不一样，提供相等的报酬对某些人来说是种伤害。为了防止怨恨情绪出现，不讨论和避免做出区别薪酬的艰难决定，效果适得其反，将会引发认为自己应该得到更多的合伙人的愤怒，进而造成他们减少付出。

四名合伙人股权占比一样，领取薪酬也一样，但有一名合伙人职位需要承担的责任比其他人都少。他没啥工作动力、上班时间异常短暂，其他三名合伙人对此相当不满。这名合伙人虽然也承认大家贡献不同，这样确实也有失公允，但坚持拿当初签订的协议说事，他拥护自己的立场说："这是我父母安排的，就是这样，你们得认清现实。"这种态度看得出他目光短浅，几名合伙人一起工作，大家相处总是不融洽，公司出售后，三名合伙人想方设法给他最少的收益，并不愿再和他有业务往来。

公正关系到评估的每一位合伙人：基于大家的贡献，什么样的报酬才公平？根据公正的评判标准，每位合伙人的回报要与贡献相关。当然，贡献的多少存在波动变化。请合伙人明白大家做评估期间，只能暂时参考当下的情况。平衡贡献和回报难以做到完美，需要周期性回顾。理想的情况是，整个合作过程，每位合伙人感觉关系大体公平。可能某个节点二者无法平衡，但这不是重点，久而久之将会趋于合理平衡。如果贡献存在暂时性的区别，合伙人要有信心平衡表终会回到中立状态——经过长期调整，每位合伙人从合作关系中得到的回报与自己的付出成正比，甚至高于曾经的付出。如否，则需要做出调整。前面描述的四名合伙人不平等情况严重且长时间存在，这种情况，一人拒绝重新谈判协议，合作关系瓦解近在眼前。我看过太多类似的遗憾情形。

一旦合伙人忽视其他合伙人的努力、天赋、贡献，公平问题就出现了。人们都是通过自己的眼睛观察世界，然而如果有了合作伙伴，请调整、拓展自己的视野去了解自己合伙人眼中的事物。这项训练引导合伙人擦亮眼睛，寻找自己忽略的事物，找出原因，让合作关系发挥作用。我们来到波恩，故事发生在波恩贝多芬交响乐团中，有人对其他同事在协奏中的贡献置若罔闻。小提琴家们控诉要求提高报酬，薪资得高于他们管乐器、打击乐器演奏的同事，理由是他们负责演奏的乐曲较多。大部分的交响乐需要大量的弦乐器演奏，出声频率要多于其他类型乐器。所以，严格来说，他们确实弹奏的多，工作量比例不均衡，这是事实。

我请教了来自华盛顿国家交响乐团的路易斯·阿萨———一位广受赞誉的小提琴演奏家，询问他对于这种明显分配不公的看法。阿萨解释，小提琴是需演奏更多乐谱，过程相当耗费体力，但我们要从不同角度看待。一个乐团中，可能会安排 16 名小提琴演奏家共同演奏，而轮到小号时，整个舞台唯一的一位演奏者只能由他发声。"小号演奏者需时刻保持注意力集中，但我就不用。"通常，大家眼中古典音乐不存在什么物理风险（损害身体），然而某些乐器演奏家长期处在高分贝环境中，对听力有损伤。

波恩的小提琴演奏家们忽视了乐团演奏的基本宗旨，交响乐的发声是通过所有演奏者共同努力实现的。以整体看待音符，再对比归功到个人，这在阿萨看来十分可笑。"从不同乐章中，数演奏音符的多少，就好像谈论毕加索的画，非要说明红色比蓝色部分重要。"这很难做到，但最实在的做法应该是，认可尊重所有乐器演奏，意识到并能欣赏每位演奏者的贡献存在细微差别。

# 第十一章　如愿以偿：期望的力量

　　美国喜剧片"真实镜头系列"制作人艾伦·芬特曾经拍过一期有趣的实景记录，他把袖珍摄像机藏在电梯中记录人们反应，并命名"电梯的背面"。不知情的路人走进电梯，路人后面跟着芬特安排的内部工作人员，工作人员进入电梯后，并不转身向着电梯门，而是继续面向路人和电梯内部，电梯中充斥着尴尬气氛，然后路人慢慢地，鹦鹉学舌般地转过身，与工作人员一样背着门对着电梯内部。由于芬特的"特殊喜好"，他屡次重复此类实验拍摄，不同的路人每次的反应结果都一样，令人尴尬又好笑。

　　人们常常是不善表达对别人的期待。如芬特拍摄的实验结果十分滑稽，期望竟可以让不知情路人转过身去。因为他人的期望会让自己做出从未想过的事情。

　　期望，其字面定义是人们所追寻的人或事物，满怀希望的未来。大家常希冀获得收益，在生命伊始，我们就已接触到别人对自己的期望，内化并借以引导自己前进的方向。期望帮助我们了解——或者说你认为自己是知道的——下一步将会发生的剧情，让我们更有安全感。

我们对对方的尊重、钦佩程度，决定了对方对自己期望的作用力大小。心理学家罗伯特·罗森塔尔和他的工作伙伴证明过这个现象，即众所周知的"人际期望效应"，它发生在教室、医院、法庭和工作场所。无论人们对他人的期望是什么，期望会被传达并接收，该对象会如你所期望地生活下去。学生表现更好了，病人恢复并更健康了，雇员完成工作更有成效了。这种现象又称"皮格马利翁效应"，源自克里特岛国王爱上了美丽少女雕像的传说。他希望雕像变成有温度的人，有血有肉，后来，爱神阿芙洛狄忒被他打动，赋予雕像生命，并让他们结为夫妻。科学层面上说，一个人对他人行为的期望，会起着自我实现预言的作用。

当然，期望也会让我们陷入麻烦。几年前，名为米歇根的女性给我打电话，听起来十分惊慌。她说，自己与丈夫发现他们30多岁的儿子觉得是时候要继承公司了。她确实有想过这么一天。儿子的成长伴随着大家对他继承公司的期望，而现在这却让米歇根感到害怕。这种情况，我认为也属于期望的力量：米歇根对儿子继承家业的期望变成了儿子对父母放权交接的期望。

期望在合作关系中扮演着重要角色，就好像是某种肯定会发生的允诺。如果发生了，便产生一种积极的循环。那些能够兑现承诺的人，可交以重任，并且能在合伙人间建立互信。然而，如果你在别人面前提出某种期望，最好能够实现，毕竟大家都不喜欢轻诺寡信之人。无法实现合伙人的期望等同于打破了信任：造成人们对合伙关系的厌恶、对合作关系冷嘲热讽。根据《公司》（*Inc.*）杂志几年前的调查，不出意料，"未满足的期望"是大家觉得合伙关系是个坏主意的重要原因。

期望无法实现的原因主要有两个。一是，承诺过高，超出兑现能力；二是，没有沟通好彼此的期望。后者更值得我们注意。数不清有多少合伙人绝望地坦言："我们从来没有讨论过对彼此的期望。"有的合伙人会觉得自己与同伴有过类似沟通，而当追问细节时，他们才表示当时只是寥寥数语，浅尝辄止。

很多人在提出对他人的期望时，没有经过太多思考和求证。虽然对方可能从未说过，"我同意做甲、乙、丙几件事情"，其他人会在日常对话中发现细节或者暗示，这就是大家构建期望的方式。整个过程可能没怎么经过思考，是下意识的行为。比如若史黛丝听到准合伙人迈克称自己精力充沛，从没见过比自己更有活力的人，史黛丝可能会希望迈克一周工作 60 小时，这能理解，但它却是危险的设想。人们根据对方的行为提出相应期望，不过，这也会不靠谱。比如，玛丽了解到格里塔愿意为公司的运营资金增加 5 万美金，她认为在将来若有需要，格里塔会再次注资。由于没有谈论此事，她也无法证实自己推测的真伪。而格里塔在给付 5 万美金时，可能暗自承诺这是最后一次为公司注资了。一个很有趣的现象是，合伙人越相似（或者他们认为自己相似），越愿意相信自己的未表达期望（觉得对方就会如此行事或思考）。在合伙人看来：对方与自己的背景、职务相似，对成功具有同样渴望，他们就倾向认为对方的想法和自己一样。

明智之举是合伙人吐露心声，一起深入交流彼此的期望。深刻而彻底的对话会帮助合伙人挖掘内心深处的期望，而这个期望可能自己都还未曾意识到。结构性对话讨论具体的期望类型将更具成效。这些对话帮助合伙人避开未满足期望的破坏性影响。合伙人原则的这部分内容，准合伙人将进行结构性练习，检查对自己、彼此的期望以及对合作关系的期望。完成这些任务后，合伙人可以构建少数人才能做到的统一战线。

## 合伙人对彼此的期望

通过练习，合伙人澄清彼此期望，消除不实际的想法、未表达出口的假设。练习主要包括揭示隐藏期望，讨论哪些期望是实际的，最后记录结果。团队和个人都将参与其中。第一步，每位合伙人先按下面清单列出：

A. 我对自己的期望；

B. 我认为合伙人对我的期望；

C. 我对每位合伙人的期望。

在构想答案过程中，我们建议参与者尽可能详细——既从广度也从深度上思考。大家集中起来，先由第一位合伙人把活动板上 A 项和 B 项的答案呈现于团队面前，接着大家分别把自己对这位合伙人的实际期望陈述出来，即 C 项；每位合伙人按同样过程重复一遍，所有人依次陈述，讨论每位合伙人愿意承诺的期望、会做到的期望以及否决的期望。

为了更方便阐述，以下表格列明了来自恒星系杰夫·戴维斯的期望。（贝丝和莎拉的清单列于书末附页）。杰夫的个人期望清单引发团队展开重要讨论，主要关于杰夫自己的个人愿景，特别是他如何看待自己扮演的董事长、首席执行官、主要决策人的角色。这也促使贝丝、莎拉详细阐述她们对杰夫的期望，又激发其他讨论，比如她们担心自己沦为次要合伙人，作为谈话结果，杰夫同意几项具体措施帮助两人踏上专业化合伙人道路，在员工面前显得成熟而专业。

通过练习，准合伙人有机会对其他人的期望表示拒绝。杰夫说，大家认为自己没必要承担那么多，他表示不赞同（下页表中，问号标识了此问题）。他坦言一直以来自己承担的责任确实比大家都多，甚至多于贝丝，但觉得这理所应当，并且以后也还会如此，他认为自己在工作繁重时表现是最好的。

进入一段合作关系，想准确找出人们不现实的期望，需要非常清楚个人对自己以及对合伙人的期望是什么。如果仍旧是流于

## 合伙人的期望

### 杰夫

#### 对自己的期望
#### 专注公司的整体发展：

* 我余下的职业生涯，有一份优于大众水平的工作

* 希望其他人在 10～15 年内，买断我的股份

* 保持恒星系统在行业前沿

* 所作决定让大家都能受益，而不仅仅是我个人

* 树立榜样，做公司最好的模范员工

* 必要时，做最后的拍板人

#### 我眼中其他人对我的期望

* 更有耐心

#### 贝丝对我的期望

* 把合作伙伴当作公司的共同所有者，而不是纯粹的员工

* 不要隐瞒，加强沟通

* 与人相处，谨慎处理财务方面的问题

? 关注个人工作进度就好，不要包揽太多

* 对合伙人的工作意图，给予更多信任

* 不要多疑，觉得别人要骗你（像我那些兄妹一样）

#### 莎拉对我的期望

* 协助莎拉当好董事成员，得到员工的认可

* 树立职位威信过程中，如果受到质疑，能够站出来帮助莎拉

* 有关变更公司所有权的任何想法，在与其他人讨论前，请先详细告知贝丝、莎拉

* 积极做员工的工作，让大家认可贝丝、莎拉同样是公司所有者

* 了解你的短处，希望你能采取方式克服

---

* 指出一项自己愿意实现的期望

? 指出一项自己不愿意实现的期望

表面或者泛泛而谈——比如说，他或她希望合作伙伴努力工作、忠诚——这样的练习是无意义的。同理，如果某人对所有合伙人的期望都一样，练习也是无用功。每个人各有千秋，能为合作关系带来不同的优势，而如果这些优势不被认可，合伙人潜力就难以发挥。

有人认为：考虑到权力的不同，要详细列出对合伙人的期望这很棘手。对他们来说，列出针对权力层级处于低位的人的期望，相对容易得多，比如说前台接待员，"办公室开门前五分钟要在位置上就绪；接听电话注意礼仪"等。在组织架构中，命令、期望从上层往下层传达很容易，但很少反向或者在平级间流动。对平级同事放开表达自己的期望，有的合伙人会觉得很尴尬。如果有人受到合伙人的层级观念困扰，应该说出来，请其他人表示谅解。

长时间合作的合伙人，抱着对彼此的各种期望却无法实现，发挥不了互补优势，敞开揭示式对话特别适合他们。合伙人珍妮特和卡罗尔两人数年不合，希望通过原则的制定解决问题。得知了合伙人卡罗尔对自己的期望后，珍妮特非常失望，她本以为自己的去留不明会影响到卡罗尔，导致卡罗尔产生被遗弃之感。让她惊讶的是，卡罗尔对自己的离开很淡然，甚至疑惑为何珍妮兴趣已明显不在公司还恋栈不去。

揭开了合伙人彼此的期望，人们发现脑海中别人对自己的期望，原来不过是个人一厢情愿的想象。接受了事实后，大家常常会长舒一口气。同时得知了他人对自己的期望，却是自己未曾察觉到的，会引发失望之感。人们有意无意培养了别人对自己的不现实期望，理清这些有助于去除不确定的摩擦来源。

BMC 在采用以上方式调解合伙人过程中，会额外增加一个步骤：合伙人相互为对方的期望达标值打分数，总分为 5 分。这会激发合伙人针对彼此的表现展开建设性谈话，哪些方面做得不如人意，如何解决未有成效却没人注意、讨论的问题。

## 合伙人的团队期望

在了解了合伙人的个人期望后，接下来，请合伙人一起讨论大家对于整体的团队期望。每个人分别列出对团队的期望清单：对方作为合伙人之一，你对他或她有什么期望；你对于整体的团队期望是什么？列清单会让人们回忆起自己对以往合作关系的期望。最后，大家集中开会，依次介绍自己的团队期望。

有些人的期望层出不穷，有些人则寥寥无几。有的合伙人对团队的执行力和作业成效有着很高的期望，有的相对保守。只要有机会让大家观察到彼此的相似与不同，意识到其间的差异，人们就会立刻讨论、展开协商对话。高期望和低期望存在一定差异，高期望能起到鼓励参与、努力工作的作用，然而如果期望过高，结果可能是天真想法的幻灭、产生对对方的不信任；同理，过低的期望会导致合伙人未能发挥潜力。

这些差异如何作用、表现难以概括描述，请每个团队定要处理好这个问题。本质上说，合伙人自己把握着各种期望，决定着要构建怎样的团队。

合伙人一致同意期望清单后，制定合伙关系的绩效标准。被否决的项目，不再属于（任何人或团体）期望清单的一部分。澄清这点能有效防止合伙人做出利己害人的投机取巧行为。

一家连锁零售企业的女合伙人对合伙关系的期望很低，其他合伙人询问原因，她提起了自己先前失败的合作经历。对话期间，她站在准合伙人的角度考虑有关报酬和佣金的财务陷阱，而大家此前讨论报酬时未涉及这个话题。合伙人重新协商，决定改变处理佣金的方式。大家在讨论如何把期望一致化的过程中，会构思实现期望的具体步骤，并把步骤虚拟可视化。合伙人认真地思考并结合了女性合伙人的担忧、过往经历做出计划，团队说服女性合伙人：请她相信这次合作不一样，可以有更高的期待。

以下为恒星系统合伙人共有的团队期望。

还有很多方面，准合伙人可以概括在合作关系期望清单中，如希望合伙人努力工作的程度、休假时长、公司财产的使用、享有的特殊待遇、与雇员的社交关系、信息资源的准入。在实操中，我参与、协助过很多筛选新合伙人、整合新合作关系的过程，基本上所有人对合作关系都有所期待，包括希望合伙人投入多少精

作为共同所有人,我们的期望:

- 我们会像大家庭般一起团队合作,任何时候,但凡需要制定决策,我们会确保对方知晓此事并参与其中;
- 尽最大努力构建彼此互信,一发现有影响或破坏信任的情形立即采取行动处理;
- 我们会避免出现二对一(三角关系)的站队,有问题一对一直接沟通;
- 在合作期间谨言慎行,不会和其他公司人员、家庭成员、外部人员讨论合伙人间的内部话题;
- 每季度,三名合伙人与高层执行团队会面一次,评论探讨如何改善部门间沟通;
- 一年一次,户外周末拓展,回顾合伙人原则,花上一天时间审视三名合伙人的工作配合情况如何,再花一天时间探讨复查公司运营情况;
- 我们不会因为是公司股东而炫耀标榜自己;
- 珍惜所有雇员,一视同仁,不会有偏心;
- 彼此的友谊高于一切,甚至高于金钱;
- 在公司范围内的危机,除了合伙人,不会让任何其他人知晓;如果出现重大异常,会第一时间告知对方;
- 对彼此有耐心;
- 不会做出伤害其他合伙人信誉的行为,如果心中有疑问,会先问问对方。

力培养、维系与同事和整个团体的社交关系。

许多企业合伙人坚信要针对公司高层领导建立绩效表现期望和目标,但却从未思考过自己也应如此。道理很简单,但凡有所助益的事,不分雄雌、对象,都能适用。进一步说,有着具体的合伙人相处共事方案的企业，相比那些没有做功课的企业，前者更能实现成功。乔恩·卡森巴克和道格拉斯·史密斯所著的《团队的智慧》一书中，记录了有着明确绩效目标的团队，取得了更为出色的成效。这点对于合伙人团队也是适用的。

完成期望清单讨论的合伙人团队，合伙关系意味着什么，他们已心中有数。大家相互支持，抱着共同期望，实现团队成功。

## 合伙人关系的紧密程度

请合伙人思考大家相处共事时希望的关系紧密程度，这是一个重要问题。它范围很广泛。比较极端的情况是，合伙人给予彼此宽泛的行动自由，自由到让人怀疑他们为何能如此成功。记得我年轻时，父亲曾告诉我一个故事，发生在四位舅舅和父亲联合创立的威斯康星州建筑公司中：有年冬天，其中一位舅舅和舅妈前往非洲度假一个月后回到公司，竟然没人察觉他们曾外出旅行。那时的父亲似乎想表达他们运营企业多么的成功，合伙人不知情的情况下，公司的董事外出一个月竟没有发生任何麻烦。实际上，他们的公司确实也很成功。只不过，现在我对于故事的真实性有点存疑，即便是淡季，肯定有其他舅舅是知情的。举这个例子，主要是描述父亲公司合伙人工作的相互独立程度，毕竟他们负责的部门不同，所以也是情有可原。

另外一种极端情况是合伙人基本完全融合了工作和私人生活。有些已婚合伙人和非家庭成员合伙人就属于这类情况。他们往往对合作团队期望很高，信任、开放度、配合度都有一定要求。20世纪80年代初，戴夫·布罗奇和鲍勃·索伯买断建筑公司另外四名合伙人的计划由于成员认为安排不公而不了了之。他们决定重建公司，彻底改变所有权和薪酬结构。可是大家发现不仅要重组结构，还有很多其他事项需要改变，1989年他们举荐鲍勃·沃克曼为董事长，组建BSW集团，然后大家再详细探讨具体的变化。

"我们发现大家的商业决策取决于每个人考量了私人生活后所做出的决定。如何安排私人、家庭生活影响着我们是否能成为一名称职的合伙人。"沃克曼对我说道。这种财务联系无法避免。"为什么我们要让各自的私人危机变成大家的危机以及员工、客户的危机呢？"他们希望获得一种安全感，如果公司有情况突然急需一百万美金，"第二天来公司，每个人拿出自己的私人支票，承担各自份额的筹款，凑到一百万。"他们决定重新回顾对合作关系的期望。经过大量的反省和深思后，得出以下结论：

1. 公司运营、私人和家庭财务状况，彼此透明；

2. 除了共有的公司财务目标以外，还会制定每个人的个人财务独立目标（大家特别希望）；

3. 只有在大家实现全部目标后，才认定为完成目标；

4. 针对个人、家庭情况，大家共用同一位财务计划、不动

产计划咨询师，确保透明度。咨询师与大家会面也应以
合作关系相处；

5. 咨询师可以与大家分享每位合伙人的财务、税务、不动
产计划；

6. 会做出增加合伙人、家庭负担的决定；

7. 偶将参与制定协议过程，了解协议内容，成为"类合伙
人"，这样，如果公司合伙人出现异常情况，配偶不会
急于马上寻找律师，保护她的个人财产。


关于最后的一点，沃克曼解释："这是为了保护公司在过渡
期间，避免受到知情配偶或律师干预，同时，也保护了配偶和不
动产。"沃克曼承认，如此程度的相互信息共享，"属于私人领域"
的想法，要大家克服抗拒心理确实有困难。"揭露得越多，我们意
识到彼此犯过的同样错误的数量越多。但重要的是，发现大家想
要实现的东西十分相似。"他们克服了抗拒心理，从未有过的感恩
之情油然而生。沃克曼表示："事实上，大家的承诺，成了合伙关
系的基石。"讨论过程帮助大家定义了团队期望，紧密合作。"彼
此成为对方的终身合伙人，"沃克曼说，"大家做出了更深刻的承
诺，信守不渝。"

## 谨慎对待你的期望

很有必要告诫大家，如我前文所说，人们会调整自己以免辜负他人的高期望，也会懈怠自己去满足别人的低期望。若有人认为自己的合伙人会欺骗自己，对方很有可能会如此做。如果你觉得合伙人工作完成的情况将会差强人意，他们会如你所愿的。我们调解过无数次合作争议，合伙人痛苦地抱怨对方表现欠佳。不可否认，有很多不称职的合伙人，但大部分表现差劲情况是由于其他合伙人的低期望所导致。记得一次调解，被认为"表现欠佳"合伙人在第四次调解开始时，突然情绪爆发对她的合作伙伴（负责公司运营）喊道："我知道该怎么做了！要么我买断你的股权，要么你买断我的股权。"后来，她铆足了劲买下了公司并自己成功独立运营9年多的时间。这可真的是"表现欠佳"啊！

我们常常把期望作为定义对方的方式，但却忽略在现实中与对方交往、接触对方的是自己。很大程度上，我们在控制整个事态。如果能够意识到人际关系期望的力量，我们会发现改变消极、模棱两可的期望为积极期望其中所蕴含的智慧。对合伙人抱有积极的期望，那么将大大提高实现积极成果的可能性，就好像你们已经成功了一半。需要注意的是，这些期望必须是诚恳真实而不是矫情作伪的。你需要转变思维才能给合伙人提出诚恳、积极的期望。完成过程以后，你们将产生显著而持续的改变，向更好的未来发展。

# 第十二章　场景计划


*所有事情实施前，最好在脑海里过一遍。*

　　　　　　　　——西格蒙德·华伯格　瑞士联合银行创始人


*凡事，先谋败，再谋成。*

　　　　　　　　——亚历山大·布林　编辑和出版人


　　"穷尽你的想象，一切皆有可能。"来自兰德公司的赫伯特·卡恩如是建议企业家们。营销公司米勒怀特位于美国印第安纳州的泰瑞豪特区，布莱恩·米勒是公司的联合创始人，几年前被诊断出白血病，那时他才恍然大悟，明白了场景计划的重要性。米勒与病魔战斗了7个多月，公司的一切运营全指望合伙人威廉姆·怀特。经历了那次企业咨询，我们意识到自己还有很多情况未曾考虑到，更别提做相应计划了。

　　两名医生共同创立一家专业公司，运营仅一年就出现经济困难、合作关系紧张的局面。他们决定终止合作，但具体方式却各执一词。他们的股东协议，按其中一名合伙人的话说，"列了一堆的情况，除了我们正面临的现实——公司没赚钱，"她继续说，"里面有关于退出投资的策略，但没有提到企业未盈利的情况下要如何实施。"

以上两组合作关系，如果在创办期间设想过未来场景，或许就能预先想到眼前的境况并找出解决办法，这远比遇事时再费尽心思摸索门径容易得多。商业合伙人最好事先都进行场景设想，以降低合作关系中可能存在的风险。原则的其他部分帮助准合伙人做好准备措施应对合作可能发生的各种情况，而场景计划是思考难以预料的情况，好比给合伙人提前打上预防针，它能协助合伙人找到其他讨论中遗漏的潜在风险。

## 场景计划的好处

场景计划让合伙人了解到未来的不确定性。预测可能导致计划改变的事件，采取防御措施。创建指导方针应对不同场景，合伙人能够提前"预演"相应的回应方式。如果极端情况发生，即使是超出大家的预料，合伙人也不会感到措手不及，从而能做出较合适的决策。完成场景计划，各种情况浮出水面展现真容，在事态变得纷繁复杂、难以控制前，合伙人即已准备好有针对性的措施。合伙人应参与系统性的思考、讨论、场景分析和指导方针的指定，最后建立共识。

场景计划最大的好处是，如果形势严峻，大家在非现实的虚拟场景中更容易达成一致意见。毕竟是事先考虑的情况，谁会招致不利影响，大家都不知情。相反，如果遇到真正的危机，情绪低落，个人事务搅乱清晰的思维，团队合作精神难以为继。没有事先谋划的合伙人会察觉到事后谈判与想象中的截然不同。

几年前，一名情绪沮丧的父亲找到我们，他是一家小型服装连锁店的所有者，告诉我们说他想雇佣女儿到企业上班，但合伙人坚决反对，觉得他任人唯亲，如此做会使公司陷入难以控制的境地。父亲表示他理解合伙人的担忧，但对对方的看法不满，他相信如果某位合伙人的子女对加入企业感兴趣，其他合伙人肯定会十分欢迎。我们已经无法知晓他对其他合伙人的判断是否正确，若倒退十年，在他们开出第一家店前探讨这个可能性，目前状况或许能大为改观。提前制定好适宜的指导纲要，在应对危机时才能更沉着冷静，更一致。

我断定大部分合伙人肯定都没有做过场景计划。很多企业，不论规模大小，基本没有做过。1999年夏，欧洲有几十人在饮用可乐后生病，可口可乐公司错误的应对方式简直创下美国公司危机公关糟糕处理之最。报纸刊登了公司发言人的谈话内容："这次危机，比我们预想的最坏场景还要严重。"失败地预测不寻常事件

（极端情况），这个案例可以说再典型不过了。花点时间、精力设想未来场景，对合伙人、董事会、执行团队来说有利无害。

## 场景

场景，指的是描述未来可能发生但概率较低的情况。最有效的场景计划覆盖广泛，包括了各种可能性。创建场景需要一定的模糊事物容忍度，如果人们无法从现实生活中短暂脱离，对他们来说想象未来场景的各种情况具有一定难度。场景若仅是基于对自己当前环境的了解，设想不可预知的未来情况种类将会十分有限。

场景计划的方法有很多种，其中最为知名的要追溯到 20 世纪 60 年代由赫尔曼·卡恩提出的方法。由于目的不同，我们在此介绍的方式和他们强调的有所区别。我们研究的方法主要是满足合伙人团队需求，计划共同的未来、共享控制、把握未来、拓展企业规模。虽说合伙关系的全部原则均是在讨论各种规划，但场景计划是针对罕有涉及的未来事件的讨论，发生的可能性很低，然而若是发生将难以控制（至少在没有事先计划应对措施的情况下）。

## 场景计划的步骤

预测不寻常的情况是研究指导纲要处理意料外事件的第一步。每段合作关系都是唯一的，所以不同合伙人面临的挑战也具有独一性。第一步需要准合伙人分别列清单，想象所有可能威胁公司安全或影响合伙人保持理想工作状态的场景。可能的状况如下：

合伙人坚持聘用的关键员工，却是另外一名合伙人所排斥的；

合伙人因性骚扰被起诉；

其中一名合伙人要求公司从她丈夫的企业购买产品；

公司收到来自竞争者（未获邀请的）的买断提议；

公司资金链断裂；

两名公司股东同时要求退休套现；

个人或家庭危机影响合伙人工作表现；

两名合伙人愈走愈近，排斥第三名合伙人；

合伙人反对员工入股；

有一名合伙人不遗余力地想推动公司上市；

第一次就职表现不佳的关系户员工，合伙人却想重新聘用；

发生经济危机，公司受到重创；

有一名合伙人突然对经营公司兴趣不再；

合伙人被抓到侵吞企业财产。

凡是会威胁到合伙关系的稳固与健康发展、与合伙人有关的商业行为；家庭；其他有业务关系的人；经济、市场、技术、社会形势等，在场景计划中都需要考虑到。

同时，也请合伙人考虑积极的场景计划。成功会损害合作关系，然而，很少人想过收获巨大成功后该如何应对。BMC有位客户曾说过，"因为钱，一切都变了。以前可没这方面的问题，但是钱多了后，生意也变了"。专栏记者杰夫·威廉姆斯指出，有时成功很简单，不过是转瞬间的事情，面对成功做出正确反应却不容易。"如果应对方式错误，成功便会压垮你，控制你，最后让你蒙羞"。多少企业家急于售卖产品或推广服务，快速扩张，最后债台高筑，沦落到破产的境地。预想类似的情况，把它们一一列入场景计划清单，这有助于防止不幸发生。

第二步，接下来，请合伙人把清单集中起来，来场头脑风暴，预测外延各种情况。换句话说，任何人提出的场景计划都不应受到指责或者被要求删除。每位合伙人对自己的场景进行说明，而后，了解其他人提出的设想。最后，整个团队再尝试联想其他可能发生的情况。大家在一起时更能思考出广泛的假想场景。第一步和第二步对场景的质量而言十分关键，如果没有按照这个步骤，剩余方法将无价值可言。

第三步，团体指定人选或小组完成制定场景应对的指导纲要。以四人小组为例，可能会把场景分成四大类，每人选择一大类然后说明这一类别下的不同场景。有的人喜欢小组形式工作，而有的人更喜欢团队为单位讨论场景问题。

第四步，虽说合伙人各自分成小组，如果任一场景发生，第四步就是讨论和批准行动纲要。每组合伙人要确定纲要的详细程度。一个很好的经验法则是：所有合伙人要知悉每种设想场景，若场景成为现实，做到对自己的应对措施有信心，对合伙人有信心。

面临的挑战、危机发生的形式、地点、时间，合伙人无从知晓，也无法控制，但可控的是自己的应对方法。行动纲要需包括协议说明合伙人该如何互动，每个合伙人的具体做法等。

制定纲要绝非易事。某些情况似乎处理起来很简单——合伙人有偷盗行为，而实际操作远非如此容易。如果有员工被抓到有偷窃行为，有现成的解决方案（解雇他，交给执法部门），而若是合伙人情况就复杂得多了。一个小窍门，制定纲要的方向是去模糊化、条理化，让大家能心中有数，淡定处理，并没有规定纲要的每一步都得照做，但方法要阐明清楚。

场景计划不是强制命令合伙人在事件发生时该如何做，恰当地说是提供一种行动准则，一个起点，引导前进方向。合伙人原则制定一个月或者一年后，合伙人可以修改策略。这不是板上钉钉，每次重审合伙人原则时，指导纲要也需要仔细复查。当然，如果事情发生了，合伙人也有权改变应对措施。如果在事件爆发时，他们无法就回应方式达成一致，至少有清晰的指导纲要可参考。

很多合伙人注意到，第一次危机爆发才让他们真正看清合作伙伴，终于知道合伙人在困难情况下会做出怎样的决定。然而，已经太迟了。人们常常以为自己很了解对方，场景计划的间接好处是让大家可以早点了解彼此。场景计划使得合伙人有机会观察对方在没有危机压力下的决策能力。准备合伙人原则的过程中，针对意外事件，花时间和精力制定应对的纲要，可以化被动为主动，降低冲突风险，把握好时机提早预防，才能自信从容而非惊慌失措地处理事件。

# 第十三章　解决冲突的精髓

制定合伙人原则的主要目标是预防毁灭性冲突的发生，那为何还专门另起一章讲述冲突的解决办法呢？看起来，似乎我在给自己铺后路。实际，如我们在第十二章中提到的，即使是不大可能发生的事件，也需要大家做好计划，仅仅是计划这个过程就能触发人们思考实际的应对措施，降低事件的可能性。冲突一旦发生，合伙人需要全面思考可解决冲突的方式，制定清晰的策略。

## 陷入冲突，突破冲突

引得合伙人陷入冲突的情况有很多种，但能够破局而出的方式却寥寥无几。占比各半的合伙人或许会由于某个重要决定走入僵局，10人团队的合伙人可能会因其中某人的表现产生分歧。一旦合作关系偏离轨道，就会越发偏离轨道，所以，不论哪种情况，合伙人务必要找到有效方式打破重围。紊乱的合作关系有自发的修复功能，但多数情况下只会不断恶化。

无论是何种原因造成合伙人冲突，化解的方式不仅关系到结果，还牵扯到参与人员、具体的解决过程、处理时长。致力于合作研究的专业调解公司或人员是商务合伙人的最佳之选。

解决冲突的方式跨度范围从协商到诉讼。图标左边为当事人提供最大化的自主决定权，越往右移动，采取右边的措施，则外来者影响越大，最极端情况是当事人完全放弃对结果的控制权交给法官或仲裁人。

冲突解决跨度范围图谱

**协商**　协商若能奏效，是目前为止最简易的解决冲突方式。大家简单谈一谈，最好再交换意见，提出让步合作的具体措施。这是合伙人中常见的使用方法，也是彼此意见不合时该考虑的。

**引导**　合伙人无法通过协商统一意见，就会寻求引导师的帮助。很少有引导师能够为合伙人创造奇迹，因为这种方式把私密性、亲近的关系公开化，有的合伙人在公众场合会刻意收敛，表现出好的一面。立场客观的人更能引导出建设性的对话。引导师在当事人眼中地位越高，引导师发挥的作用越高效。

引导师仔细地监控着讨论，针对流程给予反馈，以提高双方的沟通能力，确保合伙人收到的信息有输入也有输出。引导师要有意识地置身事外不参与讨论，避免失去旁观者观察的视角或被认为是选择性站队。大家眼中的你是否为中立立场是调解、引导过程的关键。但很明显，中立立场不是大家选择冲突解决方式的先决条件，寻找顾问或专家咨询也一样。

**调解** 调解师，和引导师一样，需要大家认可你的中立立场。两种方法的主要区别是，调解师要完全投入到争论中，充分了解导致合伙人冲突的实质问题，而不同合伙人的争议类型有所不同。争议解决专家协助合伙人抓住一切细节，这十分有益，细节包括合作关系、业务、法律、争议的财务明细。大家公认调解是需要第三方参与的冲突解决方法中最适宜的，稍后我会在本章中详细介绍它如何发挥作用。

**咨询** 合作关系出现异常，合伙人会向治疗师寻求帮助。在某些合伙人眼里，他们扮演的角色很重要，实际上的作用比大家想象中要有限得多。大多数配合商人的治疗师，其培训背景是临床个人和群体相互作用的动态心理学。属于冲突解决范围图谱的右侧，治疗师利用他们的知识、专业影响合伙人的个人问题，并且提供建议、看法，合伙人借以参考处理事务。如此一来，少有治疗师被大家视为立场中立、不偏不倚。只不过，他们没有权利强制要求某种解决方式，合伙人所希望的是他们能评估形势，针对个人问题提出建议，给出最有效的解决方式。

除非先处理好如所有权、企业管理之类的业务问题，否则合伙人的个人问题是无法解决的，因为之后会再度爆发矛盾。合伙人的个人问题或许能处理完毕，但想化解合作分歧，要做的还远远不够。对治疗师而言，角色从专业治疗转变为处理复杂、技术性的商务问题专家十分困难。这要求专业类别的大转换，治疗师转换成为商业咨询师。任何一种专家变更为调解师的情况相当复杂，客户群对专家和对调解师的要求是不同的。客户寻求治疗师的解决建议，若合伙人对建议的接纳情况不一，这没什么问题；而调解师，则是要深入争议旋涡中，劝导、推动大家达成一致协议，同时希望调解师在争议的关键问题上持中立态度。

**专家建议**　商务咨询远在冲突解决范围图谱的右侧，合伙人选择了这种方式表示他们愿意放弃一定的控制权。有些所有者不愿聘请咨询师，就是想把权力完全掌握在手中。同理，偶尔也会有咨询师因为企业老板不听从自己的建议而"炒了"他们。

如果合伙人很乐意接受帮助与建议，商业咨询师作用的范围很广，过程也相对直接。专家通过面谈向每位当事人了解情况，再运用自己的专业知识、经验提出行动方针。若合伙人关系良好，且主要处理的是商务问题，此方法会十分奏效。合伙人根据自己的观察和理解，可选择采纳、搁置咨询师的建议。

如若合伙人彼此存在纠纷，专家建议则产生不了作用。正处在矛盾中的合伙人是无法一起做出决定的。某个度假村第三代家族合伙人告诉我和同事："为了给度假村的未来做规划，我们曾经请来的顶级咨询师多到你想不到。"他们进一步解释，每次总有人反对规划，所以度假村发展不可避免地呈下滑态势。总的来说，如果没有先解决好主要冲突，即使是最优秀的商业提案，也无用武之地。

有时合伙人会请来专业咨询师评估冲突并提出解决建议。这让我想起了瑞士心理学家卡尔·荣格的一句名言：没人听从的好建议从不会妨碍任何人。大部分情况下，专家建议无法化解合伙人的恶性冲突，争议当事人必然会反对提议。很不幸，人际冲突的发展规律就是如此。专家的资质能胜任有余，他们提供的建议也相当不错，然而，这种方式不是解决冲突的上策之选。

合伙人可能会叫来公司现有的顾问如会计、律师，帮助解决争议。第三章中提到的雷昂和斯坦对企业的发展方向有不同看法，在请专业调解员前，尝试通过会计来协调矛盾。雷昂查看斯坦的话费单时发现会计和斯坦的通话频率高于自己，协调因而中断。其实会计与谁交流更多或更少，是否被视为立场中立并不重要。随着谈判的难度加大，与合伙人熟悉有关联的人，必然会被大家视为有偏向性。所以，调解停滞了。中立的立场是调解的必要因素。（合伙人的财务、律师可以参与调解，但请记得他们的角色是提供建议给所有合伙人。）

**仲裁和诉讼**　来到范围图谱的最右侧——仲裁和诉讼。与左侧完全对立的两种方式，左边是企业所有者手握大权亲自作决定；右边是放权给第三方，按照法律、判例做出决定，而非出于复杂变幻的商业现实考量。

虽有这么个说法：仲裁是对诉讼的重要改良，仲裁和诉讼其实还是非常类似的。《哈佛商业评论》刊有文章形容二者十分相似："都是坏消息，仲裁现在已演变成私人不公开的（庭外）的司法方式，形式和费用都无比近乎于法律诉讼，而这是大家不愿意看到的，它的过程同样包括提案、摘要、证据、证词、法官、尝试、法庭记录员、鉴定证人、公示和无偿损害赔偿金。"对照诉讼，我们选择仲裁的两大主要原因是：1. 裁决时间短；2. 全程在不公开场合下进行。

人们常会把仲裁与调解混淆，二者都被称为"解决争议的主要备选方式"，其实它们的区别泾渭分明。唯一的相似点便是都需要第三方机构外援、都不用上法庭。不同于调解，仲裁和诉讼有着明确的输赢之分，使合作关系变得支离破碎。本该是更进一步的对话，他们却弱化甚至杜绝直接交流。仲裁通常要求合伙人不与其他人谈话，这样一来，最了解问题且最有可能解决它的人却披枷带锁，冲突解决的概率降到近乎为零。只有律师被允许与每个成员对话。

鲁弗斯·金是受人敬仰的哥伦比亚高等法院法官，他主持过无数次商业合伙人的争议诉讼，愿意与我们分享他对争议化解的观点。在他看来，调解的方式远胜于诉讼，即使在法院赢了官司，但涉身其中的每个人都是输家。在对抗性的较量中，虽有一方战胜了对方，其实双方都在过程中受到严重伤害。仲裁、诉讼迫使参与者耗费大量时间、精力、金钱想把过失责任推给对方。

鲁弗斯法官几年前主持过一场广受关注的争议，达特集团（哈夫特商业帝国的一部分）的父子合伙人纠纷。家族股份价值超5亿美元，投资涉及多个商业领域，所有权突然迅速崩塌分离，家族也面临着四分五裂。法务费用竟高达3000多万美金，家族合伙人、董事会成员、关键员工在整个华盛顿地区难以寻找到新的律师，所有律师基本都被请来参与此次诉讼。鲁弗斯法官目睹了哈夫特家族发生的一切，试着把他们拉出法院进行调解。很不幸，聘请的唯一调解师只关注从法律角度解决冲突，没有或者说无力化解家庭方面的矛盾。哈夫特家族最后失去企业的控制权，进入清算流程（第十一章）。我相信，如果哈夫特家族有预先签好协议，如约定大家无法自行解决争议，可以外聘调解师，增加一位法务或商业专家、一位家族事务专家，那么结果肯定会大不相同。

## 调解是如何发挥作用的

调解强调的是合作，显著区别于其他争议解决方式。引导合伙人转变思维，从敌对、责备、怀疑转变到认清事实——大家是一条线上的蚂蚱，是冲突成功化解的关键。调解师与客户接触的开始，就会思考计划如何在多方参与者中建立合作精神。

1. 但凡与冲突有利害关系的人，或者有助于解决问题的人，调解师都会尽量安排他们参与调解过程。配偶、企业要员、顾问都是考虑对象。此外，有权否决协议的人也要邀请过来。（第三章中，在雷昂和斯坦冲突的调解中，有四名要员得知初次调解方案后威胁要辞职，这可是源于我们漫长而艰难的经验总结。）让所有利于冲突解决的人参与其中，构建合作精神，是争议化解的精髓所在。

   有的合伙人，手头拥有股权比例高于50%，他们担心和少数合伙人对话沟通会稀释自己的权利，不愿意采取调解的方式。调解不会更改合伙人的现实情况或去削弱占有优势地位的合伙人。它提供平等交流的机会，这可能是居于支配地位一方的合伙人所不愿见到的。少数占股合伙人需要发声，他们会感激于这样一次机会并参与过程，这大大有利于打破合伙人的僵局。

2. 合伙人聚集起来后，调解师会安排建设性对话。可能是因为过去有过很多次谈话但皆无成效，或者是合伙人无能力进行任何交流，他们常怀疑能否展开建设性谈话。让冲突的合伙人开始有效沟通的密钥是帮助他们把注意力从问题的始作俑者身上转移到有助于解决矛盾的人身上；

3. 调解师能够识别出表现欠佳的合伙人，引导他们加入解决过程中。人们受到激励后更愿意共同协作创造美好未来。常有合伙人被忽略而边缘化，潜能还未激发出来，让表现差强人意的合伙人回到正轨、跟上大家步伐，调解师对此很有心得。

4. 设立基本原则，召开核心会议，创建既稳妥又令人放心的环境，对事情的解决有很大益处。在有安全感的环境中，长效对话能让合伙人卸下防备（他们的愤怒、指手画脚、拒绝否认），更为理性地思考，对彼此更具同理心。

调解师与事件相关的单独个体或小团体合伙人开展核心会议，讨论具体问题，这些问题在团队面前往往难以启齿，调解师按需考虑是否采取保密措施。调解师、其他任何当事人都可以发起核心会议，私密性会议过程中，调解师会指导合伙人说出他曾经惮于启齿的内容或者道歉。这些行为，其实是成功和失败的区别，如果不是核心会议的灵活性，可能完全不会发生或者说需要花费大量时间去实现。

核心会议帮助合伙人打开心扉，明晰所有事情，如果合伙人隐瞒重要信息，信息往往就是他的劣势所在。调解师有着明显优势让合伙人参加核心会议，共事的律师则没有这种自由。律师如果私自和对立合伙人见面，无疑是把自己置于危险中，会以"利益冲突"为由被人起诉。调解师与合伙人的两人会议能够发现幕后的动机、揭开秘密，化解僵局，重建合作。合伙人向调解师透露内心的想法，他们为此感到惊讶——自己竟愿意把从未跟任何人说过的话说出来。调解师开始了解事情的来龙去脉是帮助合伙人消除误解、展望新选择的理想情况。

5. 调解师统一解决方案，所有合伙人开始研究细节。调解师把控讨论过程，最终的结果则由合伙人决定。合伙人意识到只有大家共同协作才能实现成功，就会产生不同的思考和行为方式，更积极地参与过程，全身心投入其中而不再听从企业顾问。更重要的是，大家强烈希望计划顺利发展，方案执行的成功率大大提高。反之，如果把决定权交给仲裁或审判，冲突合伙人被动接受则执行效果逐渐削弱，差强人意，由自己讨论出的方案合伙人更能接受并执行。另外，参与解决过程还有治疗效果，大家亲自商量的协定，书面化记录文档，再由调解师总结后，签署名字会有种解脱的感觉，大家惊讶发现自己竟愿意原谅过往一切。对未来重获希望，这就是调解的治愈力量。

成功的商业调解团队专业背景要多样化，涵盖有家庭关系动态学背景的调解师、经济学背景的调解师（或法律学、金融学，取决于合伙人争议的类型）。拥有这些相关领域的知识至关重要，调解师需要快速把握商业、个人领域问题的细微之处并思考出实用方案。他们要帮助起草书面协议，归纳出合伙人一致认可的条款，同时找出问题，防微杜渐。

调解被认为是解决合伙人争议最有效的方式，它能够自主地深入研究，直面个人、商业问题并设法解决，不设限地谈论对象和谈论内容。对于合伙人拒绝承认的问题，他们可以就此提出任何争论点，对于妨碍议程、有不切实际要求的合伙人，可以对其施加压力。施加压力是调解过程的关键，是区别于引导方式的重要不同。调解师务必要通晓合作关系、经济商业相关问题，懂得适时、适地、采用适合的方法介入争议。直接找到争议要点进行突破，问题才能得以快速解决。这也是我们建议合伙人寻找解决冲突经验丰富的调解师的原因所在。

调解会议一般会持续半天到全天。建立合作、达成共识不是一时半会儿就能解决的，所以常常需要延长时间。（延长会议和高强度的辛勤工作，是邀请共同调解师的另一个必要理由）。解决争议的总时间因案件的不同而有长短之分。简单的矛盾一两天时间就能完结，其他已延续多年冲突的合伙关系则可能要花上数天。我常说这取决于事情的复杂情况和合伙人的偏执程度。复杂的案件也许要几天时间处理完毕，但付出的时间、金钱、精力和忍受的困扰，相较其他方式算不上什么，若冲突持续悬而未决，代价远不止眼前的这些。显而易见，如果合伙人由于冲突不断延续，造成他们工作的懈怠分心，损失就更大了。

## 制定本章节的内容要求

我们建议合伙人协商一致，定好采取的措施：

1. 合伙人、董事会、其他组织机构中发生冲突的分步解决办法；
2. 保持有效沟通，包括需要的行为、工具、技巧，有利于使误解最小化，引导大家成为良好的沟通者；还包括详细的会议规划，帮助那些面对面直接交流有困难的合伙人；或者大家花上一些时间参会，加强、巩固彼此合作。

争议解决后，书面化合伙人的承诺，将会采取三步走的方式解决所有争议：谈判、调解、仲裁。大家一贯先采取谈判方式，如果谈判失败或陷入两难境地，合伙人再请来调解师，这最好是在大家立场还没有强硬僵化的阶段。诉诸仲裁是最后方案，但地位举足轻重。合伙人最好规定仲裁为底线策略，而不是诉讼。

这部分章节是我们特意为合伙人精心考虑的，我建议大家讨论后再决定是否效仿，如果是，也请列出彼此接受的调解师、仲裁人名单或者提出万全的筛选策略，有了它，如果处于冲突状态，就不用再选择第三方来解决。

建立有效的争议解决过程和合伙人原则一样，是计划也是种保障。找出困扰合伙人的问题，讨论、协商方案，再形成书面协议，是合伙人最该采纳的金石之计。不仅计划周全，过程中还能促进合伙人相互信任、构建对彼此和合伙关系的信心。

# 附录：恒星系统公司合伙人原则

请读者悉知：这份原则仅作参考。不同的合作关系，不同的股东需根据其具体的运营方式、个性、环境来制定相应的原则。不存在所谓的完美合伙人原则，也没有通用原则可以套用在所有合作关系中。

前言

第一部分

商业相关

1. 视野和战略方向

2. 所有权

3. 头衔，角色，公司管理

4. 雇佣和薪酬

5. 管理

前言

我们制定本原则的总目标是帮助企业实现平稳过渡：由单一股东到三人股东合伙企业。原则的主要目标和合伙人退出计划如下：

为了更好解决疑惑，作为合伙人应深入了解彼此（包括风格、价值观）和完成本计划；

建立互信、自信，相信大家的能力可以共同管理好企业；

共创企业的目的是什么，想获得什么？企业实现成功，你愿意付出什么？这些问题要心中有数，也请相互分享以便大家了解；

研究彼此的企业战略愿景的兼容性，大家能接纳的商业策略和实践，对待员工、客户，其他利益相关者的方式；

坦率地讨论各自在企业中的角色，如何一起做决策、安排薪酬、管理公司；

讨论彼此如何进行有效沟通，研究方法体系用以应对可能发生的冲突；

研究策略避开商业合伙人面临的陷阱，创立指导纲要，以应对团队、企业遭遇的各种情况；

充分考虑合作关系过程中可能出现的各种变数，做出周密计划。

我们明白彼此关系复杂。贝丝和杰夫曾共事 15 年之久，贝丝一直以来皆为杰夫的直接下属。自杰夫独自经营公司起，贝丝就已是他的员工。贝丝和莎拉从高中时期就是好朋友，两人亲密的友谊维持至今。现在，三人成了公司的共同所有人和董事会成员。在企业管理方面，贝丝和莎拉将直接向杰夫汇报。基于角色重叠和彼此关系的复杂性，我们会厘清组织架构和私人情谊的界限，最小化混淆不清的情况，尽可能降低我们、员工、其他人之间的冲突。

作为共同所有人、董事会核心、管理团队核心、公司和客户最具价值的资产，我们知道若想实现高效运转，大家在工作中必须建立互信、相互合作。价值观要一致，秉承共同的企业目标，最大限度实现成功，让所有股东和全公司都能受益。

本原则中的想法和协议，记录自大家的讨论过程，我们认同原则作为指导方针，帮助大家实现和谐共事。同时，原则将帮助指导与恒星系统共有权相关的法律文件的起草，而原则本身并非具备法律约束力的文件。

最后，我们定义这份原则为"动态文件"，即大家会持续完善它，在必要时拓展它，借助它回忆过去的讨论结果，定期回顾原则，再根据环境、角色、公司的变化而增加或变更内容。这份凝结大家汗水的原则，我们将会专注于此，并做好相关后续工作。

原则于___年___日开始生效，由我们三人莎拉·克莱默、伊莉莎贝丝·尼尔森、杰弗里·戴维斯共同完成。

莎拉·克莱默

伊莉莎贝丝·尼尔森

杰弗里·戴维斯

## 第一部分：商业相关

### 1. 视野和战略方向

恒星系统深耕于医疗器械销售领域已有 26 年，因其能够快速、高效地提供优质产品而在行业内享有盛誉。我们想组建一支美国东北地区行业知识最丰富、最有经验、最具亲和力的销售团队。公司从未考虑通过低廉价格或以次充好参与竞争，而是致力于提供良好服务。我们的销售团队兢兢业业，擅长关系销售。

一家企业的硬实力往往源自销售人员，我们拥有着多位在公司就职已久的销售人员。维护员工的忠诚度一直以来是恒星系统的重中之重，我们会持续提供并支持员工参与培训计划，提高他们的知识、技能。面对近期的市场动荡，尽管我们的销售团队激流勇进并保持优势地位，但某些方面还是需要重新调整修复。莎拉和销售部门的管理层已着手研究，评估形势，制定年度计划帮助销售团队恢复士气。

我们相信，恒星系统与其他销售公司的重要区别是：销售和行政部门能和谐相处，气氛融洽。公司创立初期，大家就形成共识：恒星系统为销售企业，但工作需要销售、行政的共同完成，二者能达成融洽关系是最完美的状态。接下去的几年，杰夫和莎拉各自的管理团队会携手共同努力，修复过去的裂痕，化解分歧。

我们不会刻意改变现有的工作内容或者使之多元化造成现有客户群混淆。虽然我们提供相当广泛的产品线，但客户眼里的恒星系统仍是行业专家。无论是过去还是将来，我们都会持续提供新产品和服务，但仅仅作为销售和售后的补充。

我们被客户称赞为积极回应需求的企业，但客户从未觉得我们是创新型公司。我们的医疗器械管理和保护产品线扭转了这个观念。我们是最早引入和发展这套系统的企业之一，短时间内它便成功实现期望，现已进入市场推广阶段。杰夫的责任是加强恒星系统的创新能力。为了履行好责任，杰夫将负责开发、建立与新的国外制造商的关系，拓展针对客户的培训、服务、设备维修的工作。

我们仅拥有少量的全国性客户，莎拉加入公司，她拥有海量的美国大学社区医院的主要人员的联系方式，我们认为这是一次好机会，冲出固有区域，实现全国性销售公司产品。我们预测接下去的几年，这将会是公司的主要推动力。不过，我们不想以失去区域客户为代价以实现全国性铺货。我们想要的是可控性增长，以公司能够把握的节奏发展。

保持弹性，我们不排除收购国内具有战略优势的同类公司的可能性，但目前这个阶段无意于此，主要是基于财务考虑。我们也想先看看公司在未来的两至三年发展情况如何。背负新债务不在我们近期的计划内，除非有相当好的理由，而且经过大家一致同意。

关于公司被并购的想法，大家都兴趣缺缺，我们不喜欢在大公司工作的感觉。考虑到大家年龄相近，彼此会认真考虑在未来十几年后出售公司给更大企业的可能性。若有想法于十年内出售，只有在报价十分可观的前提下再进行商量。

## 2. 所有权

我们已全面讨论了有关恒星系统所有权的内容，相关内容已达成一致协议。以下阐述了关于处理不同类型所有权的决定。

### A. 所有权——买入

在公司会计的建议下，考虑到公司刚刚买断了杰夫家人股份的情况，公司将会出让部分股权给贝丝和莎拉，两人各占 10%。她们将会按股权比例支付购股费用。

大家同意企业的价值为 400 万美金，10% 股权即 40 万美金。考虑少数股东权益和缺乏市场变现的可能性给予 7 折优惠，商定最后价格为 28 万美金。贝丝同意立即支付 8 万美金，剩余 20 万在 5 年内付清。莎拉同意当下先行支付 10 万美金，剩下 18 万在 2 年内付清。如果莎拉在进入公司第一年，成功为企业带来 100 万美金的生意，则允许她延期，可在 5 年内付清尾款。按美国国税关于债务的要求，贝丝和莎拉需要支付名义利息。

杰夫允许 3 年后贝丝和莎拉可以选择额外购买公司 10% 股权。购买股权的价格将根据 C 部分（价值）项下的方法决定；不过，最高不能超过现有价格的 30%。

B. 所有权——卖出

如果合伙人想自行出售股权，或者要约出售，将会按以下方式进行：首先，以商定价格出售并询问公司内部是否有人购买，具体步骤可参考：如果另外两名合伙人决定不购买该股份，那么将以同样出售价格询问公司其他所有人是否有意愿购买。若其他所有人都有意向，除非另有其他协议，股份将根据人数按比例分配（以他们现有的公司占股比例）。如果只有一名所有人有兴趣，也可以购入股份。所有权出售的行为要求在 5 年时间内完成，除非购买人在股权出售时另有协商时间范围。

只有在公司拒绝报价，公司内部其他人也无意愿购买的情况下，个人才能考虑以同样价格或者高于当前报价，出售股权给其他外部人士。

如果合伙人收到来自第三方的股权收购要约，公司和其他所与人有权首先提出拒绝。

杰夫明确表示希望自己仍是公司的大股东，为多数占比合伙人。贝丝、莎拉表示赞同，附加限制条款：她们将有权首先拒绝杰夫出售股权的计划。允许贝丝和莎拉增加同等的股份占比，除非两人同意以不成比例的股权买入，或者无能力、无意愿购买同等比例股份。

杰夫同意 7 年内，未经贝丝、莎拉的同意将不会对外出售公司。这对贝丝和莎拉是种保护，她们无意（至少是目前的阶段）

短期内出售公司，然后在其他企业打工。7 年后，杰夫仍占有多数股份的前提下，他有权出售公司且无须经过贝丝、莎拉的同意。杰夫将享有"强卖权"，即他可要求贝丝、莎拉以（与自己）相同的价格、条款出售股份。贝丝和莎拉则有"跟随权"（亦称共同出售权），大股东杰夫在与买家权衡博弈后达成的任何协议，她们有权参与而不会被忽略，她们能享受与杰夫一样的条款待遇。换句话说，如果贝丝、莎拉也想交易股权，杰夫需要帮忙出售她们的股份。哪怕杰夫只计划出售部分股权，享有跟随权的贝丝、莎拉也可以出售同样比例股权给同一买家。

杰夫如果觉得不满意大家的合作关系，贝丝、莎拉允许杰夫在未来 5 年任何时间，回购一人或者两人的全部股份。支付的价值将按价值章节中提到的步骤进行衡量，另享同样股权折扣，但需加上两人支付的利息和额外一年的薪资。

如果公司遇到好机会，而且对公司和全部股东有明显好处，我们一致同意：考虑出售公司。

C. 价值

在必要时，若大家无法就公司价值达成一致意见，我们将会请来行业内颇具经验的认证企业价值评估师罗伯特·汉尼曼协助评估。我们会尊重并按他的建议执行。所有股东同意，如果在此过程中产生争执，将采用本原则中建议的解决方式化解冲突。

D. 关键人物保险

我们不希望自发而成的三足鼎立合伙人少了一足，导致大家被迫与其他人合作。因此，公司将会为每位股东购买保单，如果一位合作人突发死亡，保费将承担一部分股权回购费用，由公司买回该人股份。

杰夫的保险价值为 250 万美金，莎拉和贝丝每人各 25 万美金。我们每个年度会回顾保单价值，随着公司的增值做出合适调整。

E. 分红

由董事会决定是否支持公司分红，不过，我们没有打算让公司在可预见的几年内支付分红。

F. 新合伙人的加入

公司合伙人有权决定由谁来担任自己的合作伙伴。我们不会因为投资、税务原因或继承把公司的股权传给下一代。换言之，我们同意除非征得所有合伙人一致同意，彼此不会出售、转移、交接公司股权给其他人或企业。

若要纳入新股东，合伙人同意以下前提条件。新合伙人至少满足：

1. 具备专业知识或技能，能为企业增加价值；

2. 愿意为企业奉献自己；

3. 认同我们的价值观和追求卓越；

4. 期待与现有合伙人产生良好"化学反应"。

我们可以考虑非战略性的资本加入合伙人，但也需符合以上要求（除第一条外）。

## 3. 头衔，角色，公司管理

A. 头衔

杰夫保留董事长、首席执行官的头衔。贝丝继续担任首席财务官；莎拉则为执行副总裁和市场营销副总。三人组成高级执行委员会。

B. 角色

作为董事长、首席执行官，杰夫对公司负有全面的最终责任。具体而言，他负责：

贯彻董事会的指令，引导公司达成目标；

遵照雇佣合同条款，招聘和解聘员工；

引导公司运作。

作为首席财务官的贝丝，责任有：

监督管理公司的账目、财务运作；

管理现金流和债务；

组织合同谈判和筹备成本提案；

与聘请的会计公司合作；

确保公司的应收账款和应付账款及时更新；

监督外包公司薪酬、银行电汇、信用卡处理。

作为营销副总的莎拉，主要负责：

制定、执行营销方案；

管理销售团队；

培训销售团队；

寻找潜在客户和业务拓展。

## C. 公司管理

### 执行委员会

执行委员会将协调公司的领导力，确保公司所有部门密切合作。执行高管负责、运作各自部门，执行委员会接收所有部门上报的近期事项，尤其是出现的问题。执行委员的重要职责就是增进公司内部人员的团队协作。他们要确保部门内或部门间合作没有结构性障碍，特别是销售和行政之间。我们会尽可能多地提供输入机会（如培训）给适当人选，希望所有的雇员合伙人能为提高业绩付出不懈努力。

我们一致同意：所有权的占比居优势地位并不意味着该合伙人有权改变公司或指使其他人做出改变。

处理不同事务，应由对应责任人做出决定，他或她若觉得有必要修正便可执行。如果该变更对公司的其他部门有显著影响，在实施前需先和其他部门执行领导进行商讨。

我们致力于构建高绩效的团队并保持稳定，公司的执行委员负责评估所有部门执行团队的绩效情况。评估每年一次，测评结果将呈交董事会过目。

D. 责任制

原则签署日起 6 个月内，每位合伙人需提供针对自己的五项绩效标准清单。大家会进行统一检阅并做微调，年度评估时将参考清单落实责任是否到位。

## 4. 雇员和薪酬

A. 雇员

大家属于全职工作性质，即每周平均至少要工作 40 小时。另外，每位合伙人享有每年 6 周的年假。

目前情况下，所有合伙人必须花 2/3 的时间在公司事务上。如果未做到以上要求超过一年，该合伙人的股票将被出售，除非其他合伙人在此情形发生时另有决议。

公司为大家购买伤残保险，如果有合伙人伤残，会提供薪资的 75% 作为补助，为期一年。将以如下方式支付：前 6 个月，领取全额，后 6 个月，领取 50%。

根据我们的雇佣协议，将增加如下条款以保护公司，两年内不允许合伙人跳槽到竞争对手公司或在恒星系统公司地址 60 公里范围内创办类似企业。

鉴于杰夫的经历，莎拉和贝丝同意公司不会雇佣任何合伙人的亲属。

恒星系统会与股东签署雇佣合同。合伙人的合作关系终止，雇佣合同解除，除非其他股东一致同意该离开合伙人继续保持公司雇员身份。如果合伙人担任主管、董事、股东没有尽到责任，或被判重罪、有违法行为、道德沦丧，雇佣合同终止。杰夫的合同会明文规定，由他担任首席执行官时长为 7 年，除非他自行辞职或合同被终止。如果杰夫、董事会决定解除贝丝或莎拉的雇佣合同，若是发生在合作前三年，将获得一年的额外薪水；若是发生在三年之后，获得两年的额外薪水。

B. 薪酬

我们希望建立一家以绩效为基础、赏罚严明的企业。按担任的角色责任安排我们、员工的薪酬，根据每个角色的绩效表现分配奖金。

大家协商一致的薪酬如下：杰夫 37.5 万美金；莎拉 20 万美金；贝丝 15 万美金。合伙人将每年重新审查薪酬分配，大家一致认可：如果我们的角色或者市场无重大变化发生，目前的薪酬安排仍属合理范围。

C.奖金和特别待遇

董事会在每年检查薪酬时会一并复核奖金分配。每位合伙人有权享受公司的配车服务。

## 5. 管理

恒星系统董事会成员由股东筛选，主要负责监督公司的管理情况，是公司的管理机构。它决定企业的战略方向，任免和监督管理人员。董事会指派首席执行官负责向所有管理人员传达董事会对公司的期望，首席执行官还需负责执行董事会指令。

最初，将由我们三人组建恒星系统公司董事会。每个人有权决定是否自己担任董事或另指定他人替代自己的位置。一年内，我们会增加两名董事会成员，一名由杰夫指定，另外一名将经由大家一致同意入选。他们独立于公司管理。雇员、长期顾问，或其他有利益冲突、无法持客观中立观点的人则没有资格成为董事会成员。一名外来董事将担任董事会主席。

我们会尽量按集体决议管理公司，而实际上大家不可能总是达成一致意见或有权宜之计，所以会交给董事会裁决，多数票通过为最终决议。以下列出需董事会表决的决定：

大幅提高公司举债金额（高于 2 万美金）；

规模扩张（提高报酬或增加人员，一年时间内该项比例超

10%）；

原则的变更或公司治理规则的变化。


通过开展董事会议，我们将了解各自身上承担的不同角色：股东、雇员、管理人员、董事。作为董事成员，我们对所有股东负有受信责任。

大家认为：对问题有不同的看法是合理正常现象，且对公司有益处。大家讨论的问题将基于事实、理念、原则、经济、实践的可行性，方案对公司短期、长期都有好处。我们会避免把公事上的分歧私人化。

我们认可只有董事会商议过程全程保密的情况下，大家才会充分、开放、坦诚地讨论事务。董事会的决议只会在"按需告知"的前提下让员工和管理人员知晓。除非董事会同意且记录在会议摘要中，否则决议的讨论过程不允许透露给非董事会成员。任何情况下董事都不能引述其他董事的话。董事的行动，即使我们可能不认可该提议，也会全力支持。

针对董事会的责任，大家归纳如下：


监管和问责首席执行官；

建立可靠而有所助益的董事会，提供反馈给首席执行官；

批准公司的战略计划；

制定、批准主管薪酬方案；

审查、批准公司预算和分红安排；

审查、批准主要公司政策、行动、倡议。

作为章程的一部分，我们简单概括了希望公司如何运作的初期倡议，如下：

明确自身发展定位；

提供快乐、轻松、积极的工作氛围；

做好接班人管理团队的培养，维持稳定的管理。

## 第二部分：合伙人间的关系

### 6. 个人风格和高效共事

　　大家工作配合的融洽程度决定着公司的成败，也决定着我们能否享受彼此共事的时光。为提高合作关系的成功率，我们会进一步了解每位合伙人的个人风格，完善相处方式，构建优秀的合作团队。第一部分简单介绍了合伙人的个人风格，主要参考自迈尔斯－布里格斯人格测试和 DiSC 测试的结果。我们认为该测试准确描述了自己的与人相处之道，故简短概述这些内容，列入原则，以便大家参考。

　　通过测试得出的结论，帮助我们准确概括：1）获得成就感需要什么条件；2）在工作场所中，你恐惧的是什么；3）最重要的，为了大家能更融洽地配合、更明智地思考、更高效地工作，达成一致认同的内容。在 B 部分会详细介绍。

#### A. 个人风格

#### 杰夫

　　属于典型的精力充沛人士，独立、坦率、创意无穷，能专注于项目和引导变革。眼光长远，能够预测事物的发展趋势。喜欢挑战和掌控权威，在做计划和执行过程中它们缺一不可，我享受胜利的感觉，并且在压力下能发挥更好。另外，我愿意当独立型人士的催化剂，这类人能够发现亟待完成的事项并付诸行动，而我会鼓励促成他们。

我有时会太过关注大方向和事态而忽略眼前的事务。放慢步伐、确保周围的所有人跟上自己的节奏，我不大擅长于此，如果其他人没跟上，我的反馈可能不是那么的"让人舒服"。有些人会觉得我很强势、冷漠。我对无趣的常规工作和"标准作业程序（SOPs）"相当反感。我不是事必躬亲的人，不喜欢因为细节导致项目长时间停滞。做出发展方向的决定前我会研究一切可能，不能忍受错误的决定。有时候，会揽太多任务在自己肩上，摊子太大，超出自身承受范围。

根据 MBTI 测试，我是 ENTP 人格（外向、直觉、思考、观察），在 DiSC 的测试中，正常压力环境下的"开创型"。

### 贝丝

喜欢条理化，一切按部就班，善于分析，对生意不感兴趣。我对自己的发展方向、如何达成目标，是否实现目标，一直都心中有数。对数字、细节很敏感。分析、技术方面的挑战是我的精神食粮，它们让我成长。MBTI 测试称我为"最典型的可靠、通情达理型人格"，确实，我一向如此。独立，但凡分配给我的任务都能够负责地完成。成本、盈亏底线意识强烈，这也恰恰是我能做好本分工作的原因所在。我很忠诚，言出必践。

其他人可能会认为我有洁癖，固执，处事不灵活，但如果对方能有更好的做事方法，我可以考虑接受。喜欢能独立完成的任务，那种需要时刻关注下属想法、感受的工作，我应付不来。在宏观视野和长期规划方面我相对弱势。我要求分配一定比例的雇员协助自己，为了完成任务，有时我会"鞭笞"他们，当然也包括自己。即使是发生危机期间，我也能保持冷静，控制事态，虽然内心会有些许紧张。

按 DiSC 的测试结果，我的风格从原来认为的"调查者"变为"完美主义者"，这太准确了，因为在压力下，我会变得更关注细节。在 MBTI 分析中，我属于 ISTJ 型人格（内向、敏感、思考、判断）。


### 莎拉

我性格外向开朗、自信，并且能理解人们、组织的思考运作方式，所以在与人相处时，我都是左右逢源。激励对方，让人们行动起来，对我来说是家常便饭。行动迅速、精力充沛，直接坦率，喜欢掌控局面，只要我认为是好东西，就能把它卖给任何人。没什么事物会让我感到害怕，但我知道，自己的风格会令有些人感受到威胁。我的本领是解开困惑、把复杂问题抽丝剥茧，改变低效工作，最终实现目标。

目标导向型性格，有时候会逼别人太紧，他们会觉得我不讲人情、太傲慢。如果有些话必须得有人说出来，那么我就会去说，说完之后，希望其他人能着手处理。若是有人无法处理好分配的任务，我会变得很不耐烦，忽略了其他人的需求和感受。积极、乐观是我的性格，也是能量源泉，我难以和消极的人相处，因为他们会给我造成负面影响。

DiSC 测试后，调整了我的侧写，从"说服者"变为压力环境中的"鼓舞者"，当我有压力时支配欲更强烈，也会较不耐烦。在MBTI 分析中，我属于 ENTJ 型（外向、直觉、思考、判断）

B. 高效共事

表 A.1　获得成就感，需要哪些条件？

**杰夫**

1. 我需要有人支持我，并且贯彻我的想法，坚持到底；

2. 允许自由发挥创意性思维；

3. 自主权；

4. 身边围绕一群优秀、具有竞争优势的同僚；

5. 若有很棒的主意，希望得到大家认同。

**贝丝**

1. 事情平稳运行，井然有序；

2. 人们信守承诺，交代的事情，说到做到；

3. 交代我的事情能提供明确方向，给予广泛的行动自由，按我认为合适的方法进行；

4. 挑战。

**莎拉**

1. 允许我用不同方法来完成工作或改变经营模式；

2. 在个人负责的领域，有自主权；

3. 完成业绩、实现成功，给予相应奖赏（如犯错、完成工作存在缺陷，也会承担相应责任）；

4. 有权选择雇佣最优秀人才；

5. 允许我按自己的进度表安排工作。

表 A.2　工作场所中，最担心的是什么？

**杰夫**

1. 被排除在外——我本该知道的事情，却不告诉我；凡事没有及时通知；

2. 行动受限，太多人干涉我的"管辖领域"；

3. 琐碎细节耽误了工作进程；

4. 对我不坦诚。

**贝丝**

1. 人们充满敌意；

2. 我忽略了别人的感受。

### 莎拉

1. 被看作邪恶女巫；

2. 有诸多限制，官僚化的管理，我会被逼疯的；

3. 太"随和"，受别人控制；

4. 不公正的批评；

5. 在团队中，被当成外人。

表 A.3　在工作上的局限性

### 杰夫

1. 有时候做决定太果断，忘记和其他人商量；

2. 太执着于某个想法，而其实它并没多大价值；

3. 如果有人跟不上节奏，我的言语会不客气和苛刻；

4. 对每日的实际运营、基本需求缺乏关注；

5. 无法持续地给予其他人反馈——或好或坏。

### 贝丝

1. 场景需要时，却不够"圆融"，或者说缺乏交际手腕；

2. 视野不够广，只见树木不见森林，太过关注底线；

3. 因循守旧，太固执、处事不灵活；

4. 自己的不当言行造成别人不快，却无法每次都能察觉到；

5. 如果做某一项目时间太长中途没有休息，我不会再有激情。

**莎拉**

1. 过度劳累时，会提出更多要求，更喜欢管人；

2. 无法总处于八面玲珑的状态，会没耐心。

表 A.4 为了实现更融洽、更明智、更高效地与合伙人共事

**杰夫向贝丝表示**

1. 我承诺待你如真正合伙人（而不是一般的主要员工）；

2. 我会尽可能让你知道我的预先计划，清晰阐明我对每个项目的预期；

3. 如果我觉得你在某件事情上花太多时间，我会提醒你。

**杰夫向莎拉表示**

1. 如果你觉得我过于严格，对于你，我会尽量不去吹毛求疵；

2. 我不会与别人谈论你，好像你是刚入职的新人；

3. 你过于疲惫，有时会变得支配欲很强、待人严苛，我表示理解，工作中如果发现你有这个倾向，会提醒你注意；

4. 关于你在公司中的管控范围，我同意就此讨论并达成协议。

**贝丝向杰夫表示**

1. 我会定期更新概括一切重要事宜，及时告诉你；

2. 如果你觉得要了解的信息已经足够，我会主动回避不打扰；

3. 若我觉得你脱离实际，想法不靠谱，我会很直截了当，甚

至不客气地告诉你；

4. 如果有人向我抱怨你的行为处事（脾气不好、居高临下），我会建议他们直接跟你说。

**贝丝向莎拉表示**

1. 如果我发现你变得无理由的严苛、爱指使人，会提醒你；

2. 我会尽一切努力，让你融合为我们的一分子；

3. 我想尽快了解的信息，而你提供的速度不够快，我会告诉你；

4. 如果我觉得你对某人、某件事情，或想要实现的目标盲目乐观，我会让你知道；

5. 如果我觉得你工作中没有团队合作精神，我会直白地跟你说。

**莎拉向杰夫表示**

1. 我不会被你的"唇枪舌剑"影响自己，若觉得你的指责有失公允，会当面提出来；

2. 向你报告我实时工作情况，没有事先通知你的情况下，不会擅自做决定改变方向；

3. 如果我觉得你把我排除在外，而实际上我本该参与的事情，我会直接和你说；

4. 我会处理好自己领域内的所有工作，无须你再操心；

5. 我会采取一切必要措施，阻止自己变得爱操控别人，或提出（无理）要求；

6. 如果因为我变得爱操纵别人，你找我谈话，我不会有防备心理，会与你好好讨论此事。

**莎拉向贝丝表示**

1. 在项目方面，如果需要你的帮助，会明确而具体地告诉你；同时，但凡你所需要的信息，我也会及时提供，以便你完成工作；

2. 如果我觉得你太执着于细节，却没有把握大方向，会提醒你；

3. 在遇事时，你看起来冷静、镇定、泰然自若，我明白你只是看起来而已，内心或许与大家一样紧张；

4. 如果发现你太自我，处事忽略别人感受，我会提醒你。

## 7. 价值观——个人和公司

多名合伙人共同运营企业和共事，由于大家价值观不同，难免会产生严重冲突。个人价值观是人们每日精进的基础，它影响着每个人所做的决定。我们不会为了取悦对方而改变自己的价值观，但是大家可以把自己奉为圭臬的价值观表达出来，以了解彼此的不同，让我们发挥主观能动性，发自内心地尊重对方的价值观。我们不会陷入无端评论对方价值观的陷阱中，为此，大家会尽量公开坦诚阐述自己的价值观在工作、日常决策中产生的作用。

了解彼此的价值观，将有助于我们更好了解彼此需要、对方在工作处境中可能的反应，特别是处于压力的环境中。

在下文的 B 部分，是恒星系统的公司价值观，因为大家需要协商一致的价值观、原则来引导我们运营公司。公司已有一份用了 10 年的价值观，我们在此基础上讨论，最终形成统一意见。

A. 我们的个人价值观

下方图例为大家做完"价值观"测试后的结果，价值观从高到低排列，即最活跃或最激励人的，到最不重要或最鸡肋的。如果有 5 个或者以上的层级区别，我们就定义为价值观的显著不同。

| 杰夫 和 | 贝丝 和 | 莎拉 和 | 杰夫 |
|---|---|---|---|
| 形式主义 | 精神主义 | 理论主义 | 形式主义 |
| 权力主义 | 形式主义 | 利己主义 | 权力主义 |
| 利己主义 | 理论主义 | 权力主义 | 利己主义 |
| 理论主义 | 美感主义 | 物质主义 | 理论主义 |
| 博爱主义 | 博爱主义 | 美感主义 | 博爱主义 |
| 物质主义 | 物质主义 | 形式主义 | 物质主义 |
| 美感主义 | 利己主义 | 精神主义 | 美感主义 |
| 精神主义 | 权力主义 | 博爱主义 | 精神主义 |

备注：上面的划线表示 5 个或以上的层级区别

图 A.1　合伙人价值观的对比

每位合伙人对自己的价值观评估结果的看法

**杰夫（形式主义、权力主义、利己主义）**

我渴望自由、掌权控制公司发生的一切，喜欢结构化，要求所有步骤都有相应的流程、标准，不过这方面需要贝丝帮忙。这谈不上什么激励，我只不过是想让一切工作完成得更有效率。希望公司根据我的表现和创造结果进行绩效考核，而不是通过我办公桌整洁与否来判断。

**贝丝（精神主义、形式主义、理论主义）**

我是团队的总管，属于支援型角色。对我而言，就是要让自己变得有价值、能够创造不一样的东西。组织化、条理化，所有工作能整齐有序、高效地完成就会让我很有满足感。在我看来，精神方面特别重要，但纯属私人观点。

**莎拉（理论主义、利己主义、权力主义）**

全方位了解我们的产品和提供的服务令我很兴奋，我会利用这些知识为公司和自己创建战略优势。希望在公司高层有属于我的一方天地。我享受自由，同时，也喜欢与他人合作。我喜欢直接坦率，鼓励别人实现所有可能；不喜欢别人的猜忌，也不愿意接受某些在我看来没有意义的规则。

总结——各自价值观产生的相互影响

## 杰夫和贝丝

杰夫要求的指令、结构、标准化流程（形式主义），恰恰是贝丝所能提供的。杰夫如此重视的原因是他觉得缺乏这些，自己将无法高效运作公司。对贝丝来说，这是个人性格，是天性使然，由内而外表现出来。于两人而言再合适不过了，杰夫要求、贝丝回应。在我们看来，这简直是完美搭档。

如果不追求权力，杰夫就不会把公司"个人化"；如果贝丝也有强烈的权力欲望，他与贝丝的配合就不会如此融洽。我们从来不会相互竞争！个人价值观存在巨大差异，也是一样的原理。精神价值方面的区别，倒不是什么大问题，它是贝丝的私人属性，而杰夫表示尊重。杰夫不大关心周围的物质环境（美感主义列在倒数两位），这让很多同事感到头疼，包括贝丝。杰夫决定改变杂乱无章的文件夹、无序的邮件，现在有专人负责帮忙整理了。


## 杰夫和莎拉

同样追求权力和同是个人主义是个问题。我们都喜爱自由，希望别人认可自己的才华，且都属于勤奋努力型，喜欢竞争并赢得胜利。我们避免冲突的策略是，清楚陈述各自的责任和权力范围，并持续讨论调整。

其实我们大部分的价值观都很相似。区别比较大的是形式主义。但有个事实，莎拉属于"随性""乱无章法"的，这方面杰夫也是"旗鼓相当"。只不过，莎拉眼中的形式主义没有杰夫眼中那么重要罢了。她知道自己曾因为这点吃过亏，已答应想办法改善并安排人协助自己，才不会影响到工作效率。

**贝丝和莎拉**

能够维系多年的友谊，她们有着太多相似的价值观。精神主义的差异对于多年好友的她们来说似有如无。或许现在该谈一谈这个问题了，莎拉同意会着手处理。个人主义和追求权力的差异，类似杰夫和莎拉的区别，也不算什么问题。

## B. 恒星系统公司的价值观

对客户，我们将：

- 由衷地为客户争取最大利益（详细倾听他们的需求）；

- 提供高质量、专业化服务、一流的产品；

- 恪守我们的承诺，建立良好信誉。

对雇员，我们将：

- 相互尊重彼此，公开、坦诚交流，创建一种文化：大家能勇敢地承认错误，不需隐瞒，人们不用在恐惧中工作；

- 鼓励所有员工践行团队合作精神，各司其职，各尽其责，能换位思考别人的问题和需要，努力帮助别人实现成功；

- 帮助员工成长和发展；

- 营造积极的工作环境，让大家以乐观、热情的态度和灵活的方法完成工作任务；
- 对表现出色的雇员给予认可和相应奖赏。

## 8. 公正：合伙人的人际关系平等

企业的成功得益于大家的贡献，虽贡献内容不同，但这些点滴成就了现在的公司。我们想要了解每位合伙人具体的奉献，清单列在下方表格。我们承诺会对彼此的奉献给予肯定、赞赏，收到合作伙伴对自己奉献价值的肯定能提升满足感，工作更有干劲。

作为共同企业所有人，大家一起负责公司运营，满意度取决于彼此的日常相处、互动、奉献以及获得的薪酬。第二张表中，我们列明了想从公司中收获或实现的内容。我们知道大家都希望有份满意的工作和公平的薪资安排，能平衡好工作和家庭（这点对莎拉来说很重要）。我们已在表格中列明了其他关键需求。

通过这种方式，能帮助我们从经营中收获更多想要的重要事物，也会激励我们为公司全身心付出。为此，我们需要知道每位合伙人贡献的具体内容，重新布置彼此的流程安排以最大化实现大家想收获的成果，因为大家在一起工作，最后要做的是把这些内容铭记于心。

我们承诺如果自己觉得某些安排不公平，会表达出来，以便大家对此问题进行讨论和做出必要的调整。

表 A.5　每位合伙人对企业经营和合作关系的贡献

（合伙人个人的想法列在横线上方，其他合伙人的看法列在横线下方）

| 杰夫的贡献 | 贝丝的贡献 | 莎拉的贡献 |
|---|---|---|
| 1. 一家成功企业所有权 | 1. 在 SSI 公司效力 20 年的工作经验 | 1. 28 万美金的资本投入（一段时期内缴足） |
| 2. 丰富的行业知识和经验 | 2. 28 万美金的资本投入（一段时期内缴足） | 2. 大型潜在客户的人际关系和生意圈 |
| 3. 充沛精力和处理繁重工作的能力 | 3. 业内声誉：平等和诚信 | 3. 愿意分担风险 |
| 4. 家庭价值观：信任和稳定的员工队伍 | 4. 多年担任财务部总监 | 4. 市场营销能力 |
| 5. 发展公司的眼光长远 | 5. 广泛的业务、咨询关系 | 5. 与厂商的关系 |
| 6. 诚信 | 6. 稳定、有毅力、可信任、一致性 | 6. 事业 |
| 7. 愿意冒一切风险 | 7. 初期便能把事情做对 | 7. 资金 |
| 8. 热衷于改善客户产品和服务 | 8. 机构背景 | 8. 技术能力和教育背景 |
| 9. 可信赖的 | 9. 诚信、思维清晰 | 9. 管理经验 |
| 10. 处事积极，勇挑重担 | 10. 与雇员关系融洽 | 10. 诚实、信赖、有道德感 |
| | 11. 言出必践，信守承诺 | 11. 有职业操守 |
| | 12. 公司中，愿与人合作、积极进取 | 12. 精力充沛 |
| | | 13. 有潜力 |
| | | 14. 可靠的战略能力 |
| | | 15. 快速学习能力 |
| | | 16. 想成功的欲望强烈 |
| | | 17. 慷慨 |
| | | 18. 风趣 |
| | | 19. 观点新颖 |
| | | 20. 有信誉、稳定 |
| | | 21. 勇挑重担 |
| | | 22. 口才好 |

表 A.6 每位合伙人想从企业经营中得到的收获或想实现什么
（合伙人个人的想法列在横线上方，其他合伙人的看法列在横线下方）

| 杰夫想收获或实现 | 贝丝想收获或实现 | 莎拉想收获或实现 |
|---|---|---|
| 1. 年薪 42.5 万美元 | 1. 有机会参与公司的收购行为 | 1. 职位范围内的自主权 |
| 2. 授权自己关注企业发展大方向 | 2. 年薪 15 万美元 | 2. 可自由安排个人时间 |
| 3. 最终控制权 | 3. 公司配车 | 3. 提高公司所有权占比超 10% |
| 4. 充分质量支持，避免我的日常工作被此搅乱 | 4. 接下去的半年到一年时间内增加 1~2 名新员工至我的团队 | 4. 年薪 ≥ 20 万美元 |
| 5. 将来出让股权，由他人买断 | 5. 安全性、连续性要逐年增长 | 5. 五年多时间付清采购货款额 |
| 6. 提供的假期多于以往工作 | 6. 足够的员工支持财务部高效运转 | 6. 配车和其他公司可负担的福利 |
| 7. 安心，感受这段合作关系发挥作用 | 7. 有机会提高自己的公司所有权份额 | 7. 大量的休假时间 |
| | 8. 针对财务部内部员工的决定，有最终裁定权 | 8. 技术能力和教育背景 |
| | | 9. 实现生活与工作的平衡 |
| | | 10. 作为股东一员，有职位相应的自主权 |
| | | 11. 大家认可其合伙人身份 |

## 9. 合伙人的期望

### A. 对每位合伙人的期望

我们明白，如果个人无法满足其他合伙人的期望，将会变成彼此摩擦的诱因，这是由于没有第一时间了解彼此期望产生的结果。为了避开这种情况发生，我们会尽量详细地描述对自我、其他合伙人的期望。我们讨论列明了相关的期望，具体如下表。（星号 * 意味着我们会按照这些期望执行并完善自己，做出承诺不负彼此。问号? 表示这些期望存疑，不打算接受，有待考虑或进一步说明。）

表 A.7　杰夫的期望

杰夫

对自己的期望

\* 专注公司的整体发展；

\* 我余下的职业生涯，有一份优于大众水平的工作；

\* 希望其他人在 10～15 年内，买断我的股份；

\* 保持恒星系统在行业前沿；

\* 所作决定让大家都能受益，而不仅仅是我个人；

\* 树立榜样，做公司最好的模范员工；

\* 必要时，做最后的拍板人；


我眼中其他人对我的期望

\* 更有耐心；

贝丝对我的期望

\* 把合伙人当作公司的共同所有者，而不是纯粹的员工；

* 不要隐瞒，加强沟通；

* 与人相处，谨慎处理财务方面问题；

? 关注个人工作进度就好，不要包揽太多；

* 对合伙人的工作意图，给予更多信任；

* 不要多疑，觉得别人要骗你（像我那些兄妹一样）；


莎拉对我的期望

* 协助莎拉当好董事成员，得到员工的认可；

* 构建职位威信过程中，如果受到质疑，能够站出来帮助
  莎拉；

* 有关变更公司所有权的任何想法，在与其他人讨论前，请
  先详细告知贝丝、莎拉；

* 积极做员工的工作，让大家认可贝丝、莎拉同样是公司所
  有者；

* 了解你的短处，希望你能采取方式克服。


* 指出一项自己愿意做到的期望

? 指出一项自己不愿意做的期望

表 A.8　贝丝的期望

贝丝

我对自己的期望

* 勤奋工作，让所有者和雇员对未来放心，提供保障；

* 持续完善个人工作；

* 独立行事，做好保密工作；

* 平衡好家庭与工作（每周工作 50～55 小时）；

* 最优化工作效率，保证充足睡眠、运动；

* 专注关键项目——战略计划和业务发展；

* 定期做自我贡献水平的评估工作。


我眼中其他人对我的期望：

* 做一名更好的倾听者和联系人。


杰夫对我的期望

* 更多的社交；

* 发挥领导作用，安排工作方向并明确地传达给大家；

* 保护公司，避免承担不必要的责任、管控风险；

* 定期安排工作反馈时间，并提供直接报告。

---

莎拉对我的期望

* 不要因为工作而破坏了我们的友谊；

* 做一名更好的倾听者。

---

表 A.9　莎拉的期望

---

莎拉

我对自己的期望

* 把公司业务拓展到全国；

* 提高我的管理技能；

* 创造行业内最高的客户满意度；

* 克隆自己，无我而治（与其他人分享我的技能，让别人可替代我）；

* 创建既能相互协作又极富竞争力的销售团队；

* 需要时，与杰夫一起协作寻找新领域新机会。


我眼中其他人对我的期望

? 加入公司，能带来至少 300 万美金的生意；

* 不要行事草率，像个鲁莽的伙夫，或者像斯图尔特（作者备注：即杰夫的兄弟）；

* 更高效地管理工作；

---

杰夫对我的期望

* 先学习了解公司的文化，再考虑改变；

* 耐心等待公司的变化；

* 两年内，负责的新业务销售额增长 ≥ 75 万美金；

* 不要认为我没在听你的，请检查确认后再发表看法。


贝丝对我的期望

* 他人的尊重，是需要时间培养的；

* 不要感情用事，觉得事事都针对你。


B. 作为企业的共同所有人，合伙人的期望

公司所有者，不同于雇员，我们要全面了解所有者角色的含义。为此，我们，作为公司合伙人讨论和协商了大家共同的期望。整个团队，了解并同意下表的恒星系统股东期望：

表 A.10　作为企业的共同所有人，合伙人的期望

* 大家承担着和股份占比一样的风险；

* 坚持团队协作；

* 尽最大努力构建彼此互信，一发现有影响或破坏信任的情

形立即采取行动处理；

* 我们会避免出现二对一（三角关系）地站队，有问题一对
  一直接沟通；

* 在合作期间谨言慎行，不会和其他公司人员、家庭成员、
  外部人员讨论合伙人间的内部话题；

* 我们不会因为是公司股东而炫耀标榜自己；

* 珍惜所有雇员，一视同仁，不会因为对方常和自己有工作
  接触就区别对待；

* 彼此的友谊高于一切，甚至高于金钱；

* 对彼此有耐心；

* 每年回顾大家的期望清单。

## 第三部分：企业和合伙人的未来

### 10. 对于意料外的事件，制定好应对的行动纲要

我们无法预知一切事情，但很多情况还是可以提前预估考虑
的，到时候才不会因为始料未及而慌乱。预测未来事件，制定相
应策略和解决方案，让我们更加了解彼此，更有信心携手创造成
功。更何况，做出计划还能够根除将来发生的不快。

成功狂想曲 Ⅰ

（企业运营得非常成功，实现的市值高到超出大家想象，这种情况下，有一名合伙人想隐退回归简单生活）

我们涉足这个行业并非要快速暴富，但如果它真的发生了，且有名合伙人打算隐退，我们会尽量协调，满足该合伙人，但前提是买断股份不会影响公司、剩余股东资金的健康运转。

成功狂想曲 Ⅱ

（企业运营得非常成功，赚取了丰厚利润，一名合伙人想增加报酬并提取）

我们协议中要求，大家一切行为的出发点是优先发展企业，不是（快速）变富，不管公司利润多丰厚，我们只会适当地提高报酬。

重要项目失败

（重要项目失败，我们损失惨重，导致公司出现财政赤字，持续几年业务萧条，或者其他原因，需要大笔资金注入公司）

我们会做好注资的心理准备，若有需要可提供债务担保，尽力而为。如果大家实在应付不了这次危机，我们承诺无论是谁，只要有付出，大家会给予他相应的回报。

## 合伙人角色变得很吃香

（其他员工想购入股权，担任合伙人）

我们决定五年后再讨论是否增加雇员类合伙人。不反对增加一到两名雇员股东，甚至可以为大部分雇员提供做小股东的机会。我们欢迎这个想法，但他需要满足新合伙人的要求（在所有权章节中有说明）大家才会考虑。

## 合伙人的关键时刻

（合伙人因个人离婚情况，或其他财务危机而焦头烂额，资金非常紧张，有压力）

大家都不希望把公司当作银行，我们认可合伙人为企业成功做出的牺牲，所以如果合伙人有短期资金需要且不会置公司于危险中，公司会作为他的资金来源给予帮助。所有的贷款，只会收取最低利息，贷款需要在 12 到 18 个月内还清，除非有极端情况发生。

## 合伙人不和

（合伙人之间的不和，导致企业瓦解破碎）

考虑到若我们三人人际关系破裂所产生后果的严重性，我们坚持理念：如果有人觉得彼此之间存在问题需要调解，其他人有义务参与协调过程和尽最大努力解决问题，让大家都满意。

### 雇员起诉

（合伙人性骚扰雇员而被对方起诉）

如果合伙人承认性骚扰雇员或被抓住有此行为，该合伙人将自觉提出离职，放弃解雇补偿金，并且按协议流程出售自己的股权给公司或其他合伙人。法务费用、其他费用将从销售价中扣除。这是违约后果，除非其他董事会成员一致同意该指控纯属误解或谎报，缺乏法律依据（无论有无判决书）。

### 家庭危机

（合伙人遭遇个人或家庭危机，日常工作能力受到影响）

如果遇到个人或家庭危机，每位合伙人享有 6 个月的带薪休假。我们认为该合伙人会以减少工作时长的方式平衡工作与生活，而非完全不工作。休假超过 6 个月，支付薪酬将会减少 50%；若超过 12 个月，将得不到薪酬。

### 具体问题的争议

（大家对企业发展方向有分歧）

我们认为继续维持目前的主营业务才是公司发展的正轨。如果市场、行业有变化，我们（有必要）再对所做的事务重新评估。若是大家对业务的方向有分歧，无法自行协调时，将请董事会回顾战略计划。若问题是由合伙人个人冲突导致，我们会聘请调解师来协助解决。

　　杰夫想撤出

　　（其他公司提出报价，想购入杰夫股份，杰夫不想拒绝，而且他不需要与新公司签合同）

　　杰夫承诺在没有事先告知贝丝、莎拉的前提下，不会和其他人或其他公司展开任何谈话。杰夫同意，不管自己打算或已有从收购方公司获得利益、职位，都会谈判帮助贝丝、莎拉争取最大利益和相应职位。


## 11. 争议解决和有效沟通

　　A. 解决合伙人、公司内部的争议

　　发生争议有很多种可选的解决方式。有的解决方式明显具有优势，因为它能够快速、有效解决问题。我们已商议好具体、合适的冲突解决步骤，且增加了额外程序作为补充，以防常规方法不够有效。如果冲突发生，以下为我们的解决步骤，并且大家会在公司内部实施健康的冲突解决方式，减少正式申诉、官司发生的次数。

　　对于企业来说，最好的争议解决过程应为阶梯式，主要由三个步骤：

协商 ——————→ 调解 ——————→ 仲裁

图 A.2　解决合伙人的争议

①协商

如果自己感觉和另外合伙人有严重冲突，我们会并肩作战，一起找出解决办法。此外，如果有合伙人观察到另外两名合伙人之间存在矛盾，会鼓励对方直接讨论分歧，避免出现"三角关系"。我们会保持克制，不被情绪左右，进行理性对话。相应地，我们将遵守并根据指导纲要解决争议：

A. 澄清争议问题；

B. 针对问题，给予每个人表达观点的机会，鼓励积极倾听；

C. 如果有需要，会收集相应数据；

D. 列出每个人的立场，赞成或反对；

E. 判断出最佳备选方案，能尽可能趋利避害；

F. 就最佳方案达成共识。

②调解

如果多方协商无法化解争议问题或者合伙人心中愤恨仍难平息，我们会雇佣商业调解师帮助解决。大家会在以下情况发生前采取调解方案：问题恶化、形势日趋紧急，或者更多人受其波及，悬而未决的争议影响到公司生产力或者声誉。我们会另外聘请调解师，为中立第三方，与冲突方不存在任何利益瓜葛，根本目的是协助解决谈判。调解成果把握在合伙人自己的手中，调解过程则是由调解师决定。合伙人最后达成的书面协议，大家将会署上名字，协议有保密性、约束力。

为了让争议解决途径更有效果，我们会在争议发生前选好调解师（们）。第三个选择是作为备选，以防前两名调解师因事无法到位。合伙人可随时更改名单。

（1）

（2）

（3）

③仲裁

若协商、调解都失败了，最后解决争议的方式是仲裁。类似调解，仲裁也需要借助第三方；但不同的是，第三方仲裁决定调解成果。仲裁人将会听取双方或多方的发言，做出裁决，裁决为最终结果且具约束力。仲裁人由调解师挑选，他或她将具有丰富的商业仲裁经验，不认识争议合伙人，不了解前序调解的主要内容。

B.有效沟通

团队中的合伙人皆属于支配型人格，我们会将下方准则铭记于心，确保有效沟通，降低误解发生的概率。同时辅以合适的工具、技巧帮助我们实现融洽的交流。主要有：

1. 在开会期间，如果有人说话太大声且滔滔不绝，不倾听他人话语，或者相反情况：拒绝谈话无法实现互动，我们会尝试换位思考，采取有效、体谅性言语或非言语的反馈方式；

2. 开会期间，合伙人轮流领导会议；

3. 企业所有人、董事会会议讨论争议性问题时，将安排引导师、调解师在场；

4. 每次仅提出一种想法，这样大家都能有机会对该想法提出见解；

5. 开会前概括好会议议程，定好每项内容大致的讨论时间，彼此传阅。大家在开会前需做相应准备，保持开会时专注；

6. 每次开会前回顾合伙人各自的目标，有益于彼此完善交流方式；

7. 开会期间，加强和巩固合作；

8. 合伙人选择"拇指向上"或"拇指向下"，表示自己对特定问题的看法，简单明了。

# 致　谢

　　十多年来，我有幸能与不同领域的合伙人共事，类似合作不胜枚举，因为他们，让我有了写书的灵感，也正是他们让我领悟到撰写此书应涵盖的内容。很多人鼓励我把他们的经历以匿名形式写出来，以提醒其他人不要再重蹈覆辙。特别鸣谢近几年制定合伙人原则的客户，在他们确认合作关系是否适合彼此的"路考"中使我确信，自己的思考方式与原则的构想是正确的行径，是他们协助完成这本书的"路考"。

　　同时，我想对那些慷慨腾出时间接受我们采访的合伙人致以谢意。他们的名字、经验——合伙人关系收获的教训，都能在本书中找到。

　　著作本书属于个人任务，BMC 的同僚们给予我很大的帮助，相信任何作家都希望能有这样的团队协助自己。谢谢大家挪出有限的空余时间，查对原则、提供洞见，他们分别是：哈利·林诺维斯、约翰·格罗马拉、斯科特·梅萨、洛伊斯·斯托瓦尔、迈克尔·斯塔特、理查德·尤肯、梅琳达·奥斯迈尔、道恩·马丁以及协助调研和编辑的肯恩·卢比奥、阿里·塔克曼、查尔斯·坎贝尔。

在即将完成本书的最后几周，七年多的同事——艾德·科普夫，决定要成为我的合伙人。我们知道这意味着要制定一份属于自己的合伙人原则，但毕竟大家也"久经沙场了"，谁也没有觉得这件事具有挑战性或是能丰富彼此经验。有这样的想法是因为我们已经帮过很多客户制定原则，构建自己的原则就好像一场知道答案的考试。事实却远非如此。我们经历了讨论、协商、挣扎，最后再重整队伍。我们审视了各自的风格、价值观，看到它们在剑拔弩张的争论中发挥了怎样的作用。和其他优秀合伙人一样，我们要处理资金、股权占比的分歧，想象一切都可能会偏离正轨，我们也产生过疑惑、恐惧，但也和大家类似，发现融合了不同背景、风格、天赋所带来的巨大好处，融合的结果要比其各部分的相加更具价值。我们分享了对 BMC 的愿景。虽然，道不清它将来的发展如何，但这个世界因为我们的联合而变得更加丰富。

本书也得到了很多家族企业研究会同事的鼎力相助，尤其是伯奇·道格拉斯、马尔蒂·费奇、赫文·佩尔、戴维·莫里斯、马歇尔·奥尔、凯西·怀斯曼。亨利·克拉斯诺、山姆·戴维斯阅读了本原则并提出切实有力的见解，使书籍内容得以完善。本书得到有多年创作经验的作家的指点与反馈，若还有不足之处，纯属我个人责任。

感谢我热心肠的两位妹妹：贾奎尔·卢比奥，无私地协助本书编辑；凯蒂·弗兰科，她以严谨的态度审查书中语法。来自基本图书（Basic Books）的编辑团队负责人比尔·弗鲁赫特，他信守诺言，"纽约最爱管闲事的编辑"称号可谓实至名归，我表示由衷感谢。在寻找合适发行商过程中，我的代理商盖尔·罗斯起了举足轻重的作用。迈克·巴里耶在采访合伙人方面提供了实质性帮助。芭芭拉·伯德、艾米·福克斯、查理·里奇、海伦·本西蒙、瑞克·莫勒、彼得·怀利、小詹姆斯·E. 休斯、雪伦·尼尔顿、小托马斯·瑞特，感谢他们的支持和帮助。

就像商业合作关系，完成任务需要耗费精力和发挥专长，写书亦如此。我感恩过去给企业做咨询期间客户表现的兴趣和给予的鼓励，很多人士名字虽未提及但我心存感激。谢谢朋友艾莉森·贝克、吉姆·科威尔的关切和贡献的专业知识。感谢挚友乔迪·怀特豪斯帮助审查行文、删除多余动词，以及她的肯定和溢美之词。最后，我想感谢我的妻子凯茜·博克，谢谢她无私的爱、支持、无数次地翻阅本书帮忙修正，我们谁都没想过这工程竟是如此耗神耗力。正如已故的作曲家，写出了知名歌曲"带我飞向月球"的巴特·霍华德所说，"我花了20年时间才学会了如何在20分钟内写好一首歌"。

# 出版后记

现代企业尤其是创业企业，采用合伙人制度是非常流行的做法。优秀的合伙人可以帮你开辟新的机会，分担责任和义务，在你不熟悉或者不擅长的领域替代你工作，更重要的是优秀合伙人和你目标一致，会为你们共同的事业尽心尽力。

然而，凡事总不会那么顺利。合伙的关系随着事业的发展，难免会出现这样那样的冲突，轻则影响合伙人之间的情谊，重则直接危及你们所从事的事业。如何尽量发挥合伙人制度的优势，而预防合伙人制度的负面影响，就是本书所要解决这个问题。

作者拥有致力于解决合伙人之间的冲突的咨询公司，长期研究如何构建卓越的合伙人制度。他在书中建议，在建立合伙关系之前，你需要想明白四个问题：为何要从事这个事业？为何要找合伙人？有没有比找合伙人更好的方案？目标合伙人是最适合自己的吗？

在确定合伙关系之前，所有合伙人需要共同商定一份合伙人原则，共同签署。这份原则是未来合伙关系出现争议的时候的一种"法律"，是解决冲突的准绳。这份原则包括三大部分：共同事业的规划、合伙关系的规划以及未来的展望。其中又细分为十余条原则，理清合伙人的角色以及对应的权利和义务，明确共同事业的经营方式和未来展望。原则的设定一定要反复沟通，不要存在歧义，最终落实在纸面上。原则不是一成不变的，可以在合伙人共同表决后进行更改。当冲突出现，对照相关条款即可高效解决。

书中介绍的合伙人原则是作者多年研究经验的总结，其必要性皆用真实案例予以佐证。对志于采用合伙制方式发展事业的人士，是十分难得的参考资料。除了本书之外，近期出版的《伟大的商业游戏》《企业再造》《魔球》等，也从不同角度对企业制度建设提供了权威的理念，敬请关注。

服务热线：133-6631-2326　188-1142-1266

读者信箱：reader@hinabook.com

2020 年 9 月

## 图书在版编目（CIP）数据

合伙人原则 /（美）戴维·盖奇著；朱雅燕译. --
北京：九州出版社，2020.9（2021.10重印）

ISBN 978-7-5108-9275-2

Ⅰ. ①合… Ⅱ. ①戴… ②朱… Ⅲ. ①合伙企业—企
业制度—研究 Ⅳ. ①F276.2

中国版本图书馆CIP数据核字(2020)第124115号

THE PARTNERSHIP CHARTER

Copyright © 2004 by David Gage

Simplified Chinese translation copyright 2020 by Ginkgo (Beijing) Book Co., Ltd.

This edition published by arrangement with Basic Books, an imprint of Perseus Books,

LLC, a subsidiary of Hachette Book Group, Inc., New York, New York, USA.

著作权合同登记号：图字 01-2020-4382

## 合伙人原则

| | | |
|---|---|---|
| 作　　者 | [美]戴维·盖奇 著　朱雅燕 译 | |
| 责任编辑 | 周　春 | |
| 出版发行 | 九州出版社 | |
| 地　　址 | 北京市西城区阜外大街甲35号（100037） | |
| 发行电话 | （010）68992190/3/5/6 | |
| 网　　址 | www.jiuzhoupress.com | |
| 印　　刷 | 华睿林(天津)印刷有限公司 | |
| 开　　本 | 889 毫米×1194 毫米　　32 开 | |
| 印　　张 | 10 | |
| 字　　数 | 150 千字 | |
| 版　　次 | 2020 年 10 月第 1 版 | |
| 印　　次 | 2021 年 10 月第 2 次印刷 | |
| 书　　号 | ISBN 978-7-5108-9275-2 | |
| 定　　价 | 49.80元 | |